EXPANDING

THE MIDDLE INCOME GROUP:

扩大
中等收入群体
研究

孔涛 陈少波 —— 著

MEASUREMENTS, CHARACTERISTICS AND
POLICY IMPLICATIONS

社会科学文献出版社
SOCIAL SCIENCES ACADEMIC PRESS (CHINA)

目 录

第一章 扩大中等收入群体的内涵与意义 ················· 001

第一节 扩大中等收入群体的基本内涵 ················· 001

第二节 扩大中等收入群体的理论意义 ················· 004

第三节 扩大中等收入群体的实践意义 ················· 008

第二章 中等收入群体的界定标准与测度 ················· 012

第一节 中等收入群体的概念界定 ················· 012

第二节 收入测度法 ················· 014

第三节 支出或财富测度法 ················· 017

第四节 社会特征测度法 ················· 019

第五节 生活质量测度法 ················· 021

第六节 数据选择与测度标准使用 ················· 022

第三章 中等收入群体占比及规模的变化 ················· 027

第一节 我国发展与扩大中等收入群体目标 ················· 027

第二节 宏观数据下的收入分布 ················· 030

第三节 基于微观数据的中等收入群体占比及规模的变化 ················· 040

第四节 从生活质量法视角看中等收入群体变化 ················· 050

第五节 生活质量法与收入标准法的对比 ················· 055

第四章 中等收入群体画像 ················· 063

第一节 文献综述 ················· 063

第二节 社会特征 ················· 065

第三节　人力资本特征 ………………………………………………… 068

第四节　就业特征 ……………………………………………………… 070

第五节　经济特征 ……………………………………………………… 072

第六节　数字金融服务使用特征 ……………………………………… 082

第五章　中等收入群体的主观感受特征与阶层认同 …………………… 087

第一节　文献综述 ……………………………………………………… 087

第二节　主观特征 ……………………………………………………… 090

第三节　主观认同分析 ………………………………………………… 097

第六章　收入阶层的流动性分析："稳中"与"提低" ………………… 102

第一节　收入阶层流动的动态分析 …………………………………… 102

第二节　收入阶层流动的影响因素分析 ……………………………… 106

第三节　收入阶层流动的主观预期分析 ……………………………… 110

第四节　收入增长与扩大中等收入群体 ……………………………… 123

第七章　扩大中等收入的重点群体 ……………………………………… 126

第一节　重点群体的划分 ……………………………………………… 126

第二节　进城农民工 …………………………………………………… 128

第三节　技术工人 ……………………………………………………… 135

第四节　高校毕业生 …………………………………………………… 142

第五节　中小企业主和个体工商户 …………………………………… 149

第六节　机关企事业单位基层人员 …………………………………… 156

第八章　扩大中等收入群体的政策建议 ………………………………… 164

第一节　强化财政支出效力 …………………………………………… 164

第二节　优化个人所得税政策 ………………………………………… 167

第三节　充分运用普惠金融政策 ……………………………………… 170

第四节　完善社会保障制度 …………………………………………… 172

第五节　分群施策与精准施策 ………………………………………… 174

第九章　地方经验 ·· 177

　　第一节　浙江 ··· 177

　　第二节　山东威海 ··· 186

　　第三节　河南许昌 ··· 190

　　第四节　四川攀枝花 ··· 195

第十章　总结与展望 ·· 199

　　第一节　总结 ··· 199

　　第二节　展望 ··· 202

附　录 ·· 204

　　一　中等收入群体相关政策梳理 ··· 204

　　二　中等收入群体主观阶层认同调查问卷 ····································· 211

后　记 ·· 214

第一章　扩大中等收入群体的内涵与意义

在我国政策文件中，扩大中等收入群体的目标任务提出已有 20 多年的历史。2002 年，党的十六大报告首次提出"扩大中等收入者比重"的目标任务。2022 年，党的二十大报告进一步明确提出到 2035 年"中等收入群体比重明显提高"的目标任务。2024 年 7 月，《中共中央关于进一步全面深化改革 推进中国式现代化的决定》指出，完善收入分配制度应"形成有效增加低收入群体收入、稳步扩大中等收入群体规模、合理调节过高收入的制度体系"。由此可见，党中央高度重视对中等收入群体的培育，其成为党和国家工作的重点任务，对扎实推进共同富裕、全面建成社会主义现代化强国和实现中华民族伟大复兴具有重要意义。

第一节　扩大中等收入群体的基本内涵

把扩大中等收入群体作为重要战略目标，是因为中等收入群体是当代中国社会的中坚力量，在中国经济社会发展中发挥不可替代的作用。因此，明确扩大中等收入群体的基本内涵，有助于解决当下经济和社会中的现实问题，并从长远促进国家经济社会发展。

一　扩大中等收入群体是促进国民经济发展、扩大消费的重要途径

改革开放以来，我国中等收入群体实现了从无到有、从小到大、从弱到强的显著变化，标志着我国步入扩大中等收入群体的新时代。如今，在构建"新发展格局"背景下，我国经济发展模式已由高速增长转向高质量发展，经济增长动力也由过去的投资和出口主导转变为消费、投资和出口三者共同驱动。考虑到国内有效需求不足、经济内循环中存在阻碍的问题，

我们必须重视扩大中等收入群体对提升整体消费水平和扩大内需的关键作用。

持续扩大中等收入群体，对于我国内需的扩大和消费市场的繁荣具有至关重要的现实意义。2017 年 12 月 18~20 日召开的中央经济工作会议指出，我国"形成了世界上人口最多的中等收入群体"。中等收入群体具有较高的消费需求和较大的消费潜力，对优质产品和服务有着较高的诉求。在消费行为的边际效应作用下，随着收入的增加，个人的边际消费倾向会逐渐降低。尽管低收入群体的边际消费倾向高，但受限于收入，实际消费能力相对较弱；而虽然高收入群体的消费能力强，但是边际消费倾向较低且人口占比较小，对整体消费市场的贡献较为有限。[①] 中等收入群体则呈现一种独特的消费态势，他们通常就业稳定，收入可观，生活相对宽裕，是国内消费市场的主力军。他们不仅在日常生活用品上有所消费，还在教育、医疗、旅游等领域展现出强大的消费能力，其边际消费倾向相对较高。随着中等收入群体规模的不断扩大，其整体消费能力将得到显著提升，能够为我国内需的持续增长提供强有力的支撑。《扩大内需战略规划纲要（2022-2035 年）》强调了扩大中等收入群体对于激发内需潜力的重要性。扩大和提升中等收入群体的规模和消费能力，不仅可以有效拉动国内消费市场的增长，而且有助于进一步推动国内市场的繁荣与发展。

扩大中等收入群体与增强消费能力之间存在良性循环：可支配收入的增加推动了中等收入群体的扩大，增强了他们的消费能力，推动了总产出的提升，再次带动可支配收入的增加。这一循环不仅显示了宏观经济稳定高效发展的重要性，更是遏制贫富差距扩大的关键。它不仅为中等收入群体提供了更为坚实的物质基础，还为他们带来了具有更高匹配度、更高技能要求以及更高收入的就业机会。随着新机会和新行业的不断涌现，中等收入群体的人力资源价值得到了更为充分的展现。

二 扩大中等收入群体是优化社会结构、促进社会稳定的必要环节

在构建健康稳定的社会结构方面，"中间大、两头小"的"橄榄型"社

---

① 陈少波．基于扩大中等收入群体的个人所得税优化研究 [D]．中国财政科学研究院，2021．

会结构发挥举足轻重的作用，它是实现社会和谐与经济持续增长的重要基石。随着全面建成小康社会，农村贫困人口全面脱贫，弱势群体的社会保障体系逐步完善。这些积极因素共同推动了低收入群体收入的快速增长，预示着未来我国中等收入群体将进一步扩大，为社会稳定和经济发展注入更多活力。作为全社会的重要组成部分和中坚力量，中等收入群体的扩大可体现低收入群体与中等收入群体之间、中等收入群体内部的流动，避免阶层固化，有利于逐步实现居民收入结构由"金字塔型"向"橄榄型"转变。中等收入群体的存在也为群体的社会阶层流动提供了可能，使更多人有机会通过自己的努力进入更高的社会阶层。

扩大中等收入群体也通过影响代际传承促进阶层流动。在很多社会中，代际传承通过资源积累、社会资本和教育等机制影响阶层流动，容易导致阶层固化：高收入群体能够将财富和资源传递给下一代，包括房产、股票、企业等，为子女提供了更多的经济支持和机会，例如，更好的教育、更好的健康照护和更多的创业机会。当中等收入群体持续扩大时，财富差距将趋于减弱，有助于防止财富继承导致的阶层固化。

此外，中等收入群体作为社会发展的"中坚力量"和"稳定器"，直接关系到社会的和谐与稳定。当贫富差距过大时，社会矛盾和冲突容易加剧。而中等收入群体的扩大，意味着在经济可持续增长的基础上，社会公平发展到新的高度，实际上是在缩小贫富差距，使更多的人能够分享经济发展的成果，促进社会和谐稳定及国家长治久安。同时，中等收入群体的扩大意味着更多的人有机会获得稳定的收入和提高生活水平，社会的整体安全感和凝聚力增强，社会各阶层之间的互动和合作得到促进。

三　扩大中等收入群体是保证机会公平、促进教育公平的应有之义

中等收入群体的扩大伴随着经济增长和就业机会的增加，缓解了贫富两极分化，并通过提升教育水平、获得培训机会等，进一步提高社会整体的人力资本水平，缩小人力资本积累的差距，以实现深层次的社会公平。

中等收入群体通常对教育和技能培训有着更高的追求，他们的子女往往能够接受更好的教育，也有意愿在职业生涯中不断学习和进修。这种对教育的重视和投资，不仅提升了他们自身的竞争力，也为整个社会积累了

宝贵的人力资本。此外，随着知识和技能的提升，这部分群体也更有可能产生创新思维，为社会的进步和技术革新做出贡献。在教育水平相对较高的国家和地区，中等收入群体的比例通常较高，这些国家和地区往往是技术创新和经济发展的前沿。这说明，中等收入群体与人力资本积累、技术创新之间存在紧密的正向联系。

扩大中等收入群体不仅有助于优化收入分配结构，更是推动经济增长、促进社会和谐、积累人力资本和形成良性收入分配格局的关键所在。因此，政府和社会各界应高度重视对中等收入群体的培养和促进中等收入群体的发展，为他们提供更多的机会和资源，从而实现社会的全面进步和繁荣。

第二节　扩大中等收入群体的理论意义

实践是理论的源泉，理论是实践的凝练，并随着实践的发展而发展。扩大中等收入群体作为国家经济社会发展的战略目标，不仅需要从经济社会范畴考量，也需要从学理的高度进行深刻剖析，以阐明其背后的理论意义。

一　扩大中等收入群体有助于丰富和发展马克思主义理论

扩大中等收入群体不仅与马克思主义基本原理有着本质关联，更是将其同中国具体实际相结合的创造性应用和探索性发展。扩大中等收入群体是对马克思主义的人民立场、分配正义思想及其发展观的继承、创新与发展，体现了马克思主义的根本立场、目标取向和历史方位。

首先，在根本立场上，扩大中等收入群体坚持和贯彻了马克思主义的人民立场。人民立场是马克思主义的政治立场，以无产阶级和全人类的解放为己任，以人民为中心，一切为了人民，一切依靠人民，发展成果由人民共享。中国共产党长期以来都坚持以人民为中心的发展思想，致力于提高人民生活水平，增强人民的获得感、幸福感和安全感。扩大中等收入群体，可以使更多的人享受到经济发展的成果，提高全社会的生活质量。具体而言，中等收入群体的扩大意味着更多的人能够拥有稳定的收入、良好的教育和医疗保障以及更高的生活水平。这不仅有助于缩小贫富差距，增强社会的公平正义感，还能够促进社会的和谐稳定。因此，扩大中等收入群体是坚持和贯彻马克思主义的人民立场在新时代的重要体现。

其次，在目标取向上，扩大中等收入群体坚持和贯彻了马克思主义的分配正义思想。马克思主义分配正义的本质是对现实具体的分配活动、分配原则和分配结果之合理性反思和合目的性审思。在马克思看来，分配正义蕴含三个维度，即分配的起点正义、原则正义与结果正义。具体而言，分配正义的起点是指生产资料的所有制形式及其相互地位。分配取决于生产，分配状况取决于生产状况。生产的结构、规模和速度决定了分配的结构、规模和速度。所以，分配起点正义与否的问题实质上是生产正义与否的问题，即生产资料是否由全社会成员共同享有。分配正义的原则是指依据生产力水平，国家在消费资料的分配过程中所遵循的基本原则，即按劳分配与按需分配。分配正义的结果并非局限于物质层面的正义性与公平性，而是以实现全社会成员自由全面发展为特征的全体性正义。从分配的起点正义、原则正义与结果正义三个维度考察，马克思主义的分配正义是扩大中等收入群体的价值取向。改革开放以来，我国通过调整分配制度，不断提高中低收入者收入，完善社会保障制度，确保社会成员能够分享社会发展成果，使更多的人跻身中等收入群体。党的十八大以来，以习近平同志为核心的党中央以维护分配结果正义为立足点，提出深化收入分配制度改革，并将其作为推动经济社会发展的重要抓手。同时，新增土地、数据等生产要素参与收入分配，重申扩大中等收入群体，强调重视发挥第三次分配的作用。因此，扩大中等收入群体不仅是贯彻马克思主义的分配正义思想的重要途径，也是分配正义思想在新时代的重要体现。

最后，在历史方位上，扩大中等收入群体坚持和贯彻了马克思主义的发展观。马克思主义的发展观强调生产力是社会发展的根本动力和现实的物质基础，由此揭示了人类社会生活的本质、发展动力和运动规律。从本质上讲，扩大中等收入群体是生产力发展的直接结果。一方面，生产力的提高意味着技术进步、劳动生产率的提升和经济总量的扩张，这为扩大中等收入群体提供了基本条件。随着生产力提高，社会创造的财富总量会增多，能够使更大比例的劳动者拥有较高收入和生活水平。另一方面，通过扩大中等收入群体，更多的人能够拥有较高的收入水平，提升消费能力，进而扩大市场需求，刺激生产力发展。新的市场需求不断出现，推动技术进步和产业升级。中等收入群体往往对商品和服务有着更高品质的需求，而这种需求推动科技创新、产业升级，进而促进生产力提高。因此，从马克思主义发展观的角度看，扩大中等收入群体体现了马克思所强调的生产力与生产关系之间的辩证关系。

二 扩大中等收入群体有助于为丰富和发展中国特色社会主义政治经济学提供实践支撑和基础

作为研究现代社会主义经济发展和运行规律的学科，中国特色社会主义政治经济学不仅要对生产力与生产关系两者进行深入研究，更要进一步研究物质利益分配关系及其对经济社会发展的反作用机制。

在我国经济社会发展中，中国特色社会主义政治经济学立足中国改革发展的成功实践，初步形成了中国特色社会主义分配思想，其中所包含的"优化收入分配结构"、"两个同步"、"两个提高"以及"扩中、增低、调高、取非"等思想，是中国特色社会主义分配思想理论体系中的宝贵资源。因此，形成中间大、两头小的"橄榄型"收入分配结构，是在新时代背景下丰富和发展中国特色社会主义政治经济学的重要实践命题。对此，党的十九大报告明确提出，从2020年到2035年要使"中等收入群体比例明显提高"；党的十九届五中全会公报进一步提出，要让"中等收入群体显著扩大"的战略安排。想实现这个战略目标，其核心逻辑就是要在进一步全面深化改革的基础上，推动生产力与生产关系、经济基础与上层建筑相适应、相协调，从而更好地解放和发展社会生产力，以更加精准、有效率、有质量的经济发展，确保这一战略得到贯彻落实。

扩大中等收入群体不仅是一个分配问题，更是一个发展问题。如果没有经济社会的适度发展，扩大中等收入群体就犹如无根之木和无源之水，缺少了必要的物质条件。因此，持续扩大中等收入群体，不仅有利于促进我国经济社会发展，而且有利于在此基础上总结经验，提炼出中国特色社会主义政治经济学理论，为丰富和发展中国特色社会主义政治经济学提供实践支撑。

三 扩大中等收入群体有助于体现新发展理念中协调和共享的理论内涵

2015年10月，习近平总书记在党的十八届五中全会上首次提出了"创新、协调、绿色、开放、共享"的新发展理念。其中，扩大中等收入群体体现了新发展理念中"协调"和"共享"的深刻内涵。"协调"是对社会主要矛盾中不平衡和不充分问题的矫正；"共享"是对经济社会发展目的非正义性后果的矫正。

中等收入群体比重的提高和规模的扩大体现了协调发展的内涵。党的十八大以来，党中央在深刻总结经济社会发生新变化的基础上，明确提出"我国社会主要矛盾已经转化为人民日益增长的美好生活需要和不平衡不充分的发展之间的矛盾"。① 党的十九大报告还着重强调，"更加突出的问题是发展不平衡不充分"的问题。② 这种不平衡不充分的问题在我国经济社会发展的结构性问题中尤为突出，具体表现为产业结构、收入分配结构、城乡与区域结构，以及总需求结构等多方面的失衡。其中，收入分配结构失衡问题不仅是其他结构性失衡的根源，也是有关全体人民共同富裕能否得以实现的重要问题。具体来说，收入分配结构的失衡往往导致中等收入群体规模相对较小、收入水平普遍偏低，而中等收入群体在消费市场中扮演重要角色，构成消费市场的核心力量。因此，这种失衡会削弱一个经济体的消费能力，即消费率（消费支出总额占 GDP 的比例）偏低，从而对服务业的需求减弱，最终引发总需求结构与产业结构失衡。为此，党中央提出要"扩中、增低、调高、取非"，并强调到 2035 年基本实现社会主义现代化时，"居民人均可支配收入再上新台阶，中等收入群体比重明显提高"。③ 这一战略目标的提出，实质上是注重解决收入分配结构失衡的问题，在发展中促进收入分配结构相对平衡，不断形成"橄榄型"收入分配结构，这体现了新发展理念中协调发展的理论内涵。

中等收入群体比重的提高和规模的扩大体现了共享发展的理论内涵。改革开放初期，我国经济基础相对薄弱，党的核心任务是引领全体人民走出贫困，迅速实现经济繁荣。在党的领导下，经过不懈奋斗和探索，我国逐步确立了社会主义市场经济的发展道路，并在实践中不断优化和完善。这种经济

---

① 习近平 . 习近平谈治国理政：第三卷［M］. 北京：外文出版社，2020：9.
② 习近平 . 习近平谈治国理政：第三卷［M］. 北京：外文出版社，2020：9.
③ 习近平：高举中国特色社会主义伟大旗帜 为全面建设社会主义现代化国家而团结奋斗——在中国共产党第二十次全国代表大会上的报告［EB/OL］. （2022－10－25）. https：//www.gov.cn/xinwen/2022－10/25/content_ 5721685. htm.

体制的效率在实践中得到了充分的展现，经过 30 多年的迅猛发展，我国经济实现了质的飞跃，于 2010 年跃升为世界第二大经济体，并跻身中高收入国家之列，人民的生活品质得到了显著提升。然而，单纯追求效率的增长模式会带来收入分配不均的问题，如果继续过度强调效率优先，可能会导致中低收入群体的收入提升受阻，甚至低收入群体的规模进一步扩大，这不利于国内消费水平的提升，也会影响经济的可持续发展。步入新时代，党中央坚定贯彻以人民为中心的共享发展理念，成功实施了脱贫攻坚战，全面建成了小康社会，消除了绝对贫困，脱贫攻坚的重心转向缓解相对贫困。如果说提高低收入群体收入解决的是绝对贫困问题，那么扩大中等收入群体则有助于缓解相对贫困。因此，优化收入分配结构、扩大中等收入群体既是应对相对贫困问题的重要任务之一，也是避免陷入"中等收入陷阱"的关键所在。

第三节　扩大中等收入群体的实践意义

作为"十四五"规划的重要内容之一，扩大中等收入群体既是扎实推动共同富裕的关键环节，也是全面建设社会主义现代化国家的必然要求，更是实现中华民族伟大复兴的题中之义。面对全球收入不平等问题加剧的现实，扩大中等收入群体不仅有助于提升国内发展的充分性和平衡性，更是推动中国迈向社会主义现代化的必由之路。

一　扩大中等收入群体是扎实推动共同富裕的必然要求

共同富裕既是社会主义的本质要求，也是中国式现代化的重要特征。新中国成立初期，毛泽东为缓解工业和农业的发展矛盾，提高农业生产力，首次提出关于共同富裕的思想。此后，毛泽东多次对其实现方式进行阐述，提出以农业为基础、以工业为主导的发展方针，进而实现共同富裕。他还强调，"这种共同富裕，是有把握的，不是什么今天不晓得明天的事"。[①] 自改革开放以来，党深刻认识到贫穷并非社会主义的本质，因此决心摒弃传统观念和体制机制的束缚，提出了走"先富带动后富"的共同富裕之路。1992 年，邓小平将共同富裕同社会主义本质相结合，强调"社会主义的本

---

① 毛泽东. 毛泽东文集：第 6 卷［M］. 北京：人民出版社，1999：496.

质，是解放生产力，发展生产力，消灭剥削，消除两极分化，最终达到共同富裕"。① 此后，随着党对共同富裕目标的不断探索，实现共同富裕的思想观念和具体路径不断清晰和细化。党的十八大以来，习近平总书记深刻洞察国家发展阶段的新变化，更加坚定地强调全体人民共同富裕的目标任务，并将其作为中国式现代化区别于西方现代化的显著标志。为实现该目标，我国提出要通过"扩中、增低、调高、取非"等方式，形成"橄榄型"收入分配结构，促进社会公平正义和人的全面发展，使全体人民朝着共同富裕目标扎实迈进。通过这一策略，中等收入群体的规模和比重持续扩大和提升，这不仅有利于通过提高低收入者收入来激发社会活力，而且有利于通过减少低收入者数量来巩固脱贫成果，更有利于通过保护合法收入、调节过高收入和打击非法收入来缩小收入差距和化解社会矛盾，进而增强国家的整体实力。因此，扩大中等收入群体既是实现全体人民共同富裕的着力点和有力抓手，也是其必然要求。

二　扩大中等收入群体是全面建设社会主义现代化国家的应然要求

作为全球经济社会变革和文明跃升的重要标志，现代化已成为各国竞相发展的共同追求。中国共产党自诞生以来，就将其视为矢志不渝的奋斗目标。经过百年的不懈探索与实践，我国成功探索出一条具有中国特色的现代化发展道路，即中国式现代化。这一现代化模式在中国共产党的领导下，基于社会主义的理念，充分发挥了中国特色社会主义制度的显著优势。它面向庞大的人口规模，致力于实现全体人民共同富裕，展现了中国独特的现代化发展道路。

工业革命以来，在人类迈向现代化的过程中，西方国家长期占据优势地位，但这一过程暴露出一些问题，比如富者愈富、贫者愈贫的两极分化现象，以及过度依赖福利政策等。就理论角度而言，人均收入与收入分配差距之间存在库兹涅茨倒 U 形关系，即当人均收入低于特定阈值时，经济发展倾向于效率提升从而使收入差距扩大；超过此阈值后，经济发展则转向追求公平从而使收入差距开始缩小。实际上，全球范围内的收入不平等

---

① 邓小平. 邓小平文选：第三卷［M］. 北京：人民出版社，1993：373.

问题正在加剧。从 20 世纪 80 年代开始，发达国家的收入分配不均现象愈发严重。特别是美国，前 1% 的高收入群体的收入在国民总收入中的占比，从 20 世纪 70 年代的 8.5% 显著跃升至 2018 年的 19.8%。欧洲的情况也类似，同期高收入群体占比从 7.5% 增长到 10.4%。俄罗斯前 1% 的高收入群体的收入在国民总收入中的占比，从 20 世纪 80 年代的 4% 飙升至 21 世纪的 20% 以上。① 这些变化清晰地揭示了全球范围内收入不平等的严峻形势。从国际经验来看，中等收入群体的壮大是实现现代化的关键。根据瑞士瑞信银行的数据，成功实现现代化的韩国和日本的中等收入群体在总人口中的占比分别达到 45% 和 60%。相较之下，对于那些陷入"中等收入陷阱"且未能实现现代化的国家，如巴西和俄罗斯，其中等收入群体的占比则不超过 10%。② 以 2019 年的中国为例，虽然中等收入群体规模已突破 4 亿人，③ 显示出巨大的发展潜力，但其在总人口中的占比仍有待进一步提升，以实现更为均衡的社会发展和推动现代化进程。

因此，在我国社会主义现代化建设的进程中，扩大中等收入群体不仅有利于提升居民收入水平，增强经济社会发展的全面性和韧性；也有助于推动提高经济社会发展的均衡性，确保在全面且均衡的发展进程中，人民日益增长的美好生活需要得到持续满足，进而为社会主义现代化国家的建设质量提供坚实保障。

三 扩大中等收入群体是实现中华民族伟大复兴的题中之义

中国共产党自成立之日起，就肩负着实现中华民族伟大复兴的历史使命。实现中华民族伟大复兴，不仅是党矢志不渝的奋斗目标，也是近代以来中国人民的共同梦想。习近平总书记指出，"一百年来，中国共产党团结带领中国人民进行的一切奋斗、一切牺牲、一切创造，归结起来就是一个主题：实现中华民族伟大复兴"。④

---

① 张占斌. 中国式现代化进程中围绕"两个倍增"扎实推进共同富裕探析 [J]. 马克思主义研究，2023，(04)：1-13+155.
② 刘伟，陈彦斌."两个一百年"奋斗目标之间的经济发展：任务、挑战与应对方略 [J]. 中国社会科学，2021，(03)：86-102+206.
③ 国家统计局局长就 2018 年国民经济运行情况答记者问 [EB/OL]. (2019-01-21). https://www.stats.gov.cn/sj/sjjd/202302/t20230202_ 1896129.html.
④ 习近平. 习近平著作选读：第二卷 [M]. 北京：人民出版社，2023：477.

　　为实现这个伟大梦想，中国共产党团结带领各族人民，浴血战斗、奋勇不屈，推翻"三座大山"，完成新民主主义革命，建立新中国，实现了中国从几千年封建专制统治向人民民主的伟大飞跃，为民族振兴确定了根本前提，中国人民从此站起来了；自力更生、不懈探索，进行社会主义革命，建立社会主义制度及与之相适应的经济体制，推进社会主义建设，为国家富强奠定了根本的政治基础；解放思想、奋勇实践，坚定不移推进改革开放，开创了中国特色社会主义，极大地解放和发展了社会生产力，鼓励人民在劳动中不断提升富裕水平，为人民幸福奠定了坚实的物质基础，推进了中华民族从站起来到富起来的伟大飞跃；奋发图强、守正创新，开创了中国特色社会主义新时代，全面建成小康社会目标如期实现，迈上了全面建设社会主义现代化国家新征程，为实现国家富强、民族振兴、人民幸福进行全面布局。

　　对于新时代、新征程，党的中心任务，就是团结带领全国各族人民全面建成社会主义现代化强国、实现第二个百年奋斗目标，以中国式现代化全面推进中华民族伟大复兴。实现中华民族伟大复兴的本质就是国家富强、民族振兴和人民幸福。国家富强和民族振兴是人民幸福的基础和保障。只有国家经济强盛、民族精神振奋，人民的基本生活需求和幸福感才能得到更好保障。为此，不仅要提高低收入者收入，稳固和扩大中等收入群体，而且要综合考虑教育、医疗、就业、养老、社会地位等因素，通过不断提高人民的获得感、幸福感和安全感，形成推动实现中华民族伟大复兴的重要力量。

第二章 中等收入群体的界定标准与测度

中等收入群体的概念起源于社会分层①理论。一般认为，中等收入群体指收入为中等的人群，且其应具有一定的生活标准。不过，无论是官方还是学界，各方提到的"中等收入群体"虽然名称相同，但具体测度的标准差别较大。学者对中等收入群体的概念设定并不局限于收入方面，多考虑数据可获得性和指标应用便利性，不过，以收入（绝对收入或相对收入）为单一维度的测度标准仍然最为广泛。此外，也有学者为了更全面地了解中等收入群体的经济状况和社会地位，更准确地评估其生活质量和幸福感，选择使用支出、财富、生活质量等来区分不同收入水平。

第一节 中等收入群体的概念界定

2000 年前后，20 多年的改革开放助推我国市场经济快速发展，不同居民的收入增长速度及消费水平的提高速度并不同步，社会学领域基于社会分层理论最先开始关注我国社会结构的变化，在研究中多次提到"中产阶级""中产阶层""中间阶层""中等收入者"等概念，后来经济学领域开始利用宏观或微观数据对中等收入群体进行量化研究。

中等收入群体是我国特有的概念，近似于欧美国家的中产阶级（middle class），但并不像中产阶级一样考虑职业、身份认同、价值观等社会学特征。在基本定义方面，中等收入群体通常指在整个社会中具有中等收入水平的人群，他们的收入水平处于整体收入分布的中间位置；而中产阶级通

---

① 社会分层是指社会成员、社会群体因社会资源占有不同而产生的层化或差异现象，其中，建立在法律、法规基础上的制度化的社会差异体系尤为凸显。

常指整个社会中的一个相对独立的阶层，涉及职业、身份认同、价值观乃至政治倾向等社会学特征。在社会地位方面，中等收入群体与社会地位并无明显关联，城市白领、工厂蓝领等都有可能是中等收入群体，他们目前的生活质量可能相对较低，甚至面临一些经济压力和生活困难；而中产阶级通常拥有较高的生活质量，包括更好的住房条件、教育资源、医疗保障等，具有相对稳定的社会地位和较高的社会认可度。因此，在我国经济社会发展的语境内，对中等收入群体的讨论集中在对中等收入认知的经济维度的差异上，一般不对该群体的价值观和意识形态等进行讨论。[①]

2002年，党的十六大报告首次提出"中等收入者"。在研究初期，学者多倾向于通过收入水平这一单一维度衡量中等收入群体，如顾纪瑞、陶冶认为中等收入群体是指在一定时期内达到中等收入水平的城乡居民，[②] 朱土兴、于刚认为中等收入群体是一个区域在一定时期内拥有中等收入水平的所有人员的集合。[③] 但近年来，随着有关扩大中等收入群体规模的研究和讨论的发展，学者开始倾向于认为中等收入群体的概念并不应该简单地局限于收入方面，也需要综合考虑收入、资产、消费、生活品质等因素，即中等收入群体指收入保持在中等水平、生活达到小康水平且相对稳定的居民群体。[④] 除上述维度外，周雁认为中等收入者应具有较强的创造经济收入的能力且具有相当的实力促进未来发展；[⑤] 郑功成强调中等收入群体应享有社会比较认可的中等层次的生活品质；[⑥] 蔡昉则认为中等收入群体应该具有稳定的就业、符合基本需要的居住条件、充分供给的基本公共服务、一定数

① 杨宜勇. 扩大中等收入者队伍是未来收入分配改革的重点之一 [J]. 中国党政干部论坛，2010，(06)：22-24.
② 顾纪瑞. 界定中等收入群体的概念、方法和标准之比较 [J]. 现代经济探讨，2005，(10)：10-16. 陶冶. 扩大中等收入群体比重的有效途径——对市场经济条件下"扩中"的探讨 [J]. 上海经济研究，2006，(09)：32-37.
③ 朱土兴. 提高中等收入群体收入比重的路径 [J]. 经济科学，2007，(03)：124-128. 于刚. 关于扩大中等收入者比重的宏观思考（下）[J]. 辽宁经济，2012，(11)：31-36.
④ 李培林，朱迪. 努力形成橄榄型分配格局——基于2006-2013年中国社会状况调查数据的分析 [J]. 中国社会科学，2015，(01)：45-65+203. 李强，徐玲. 怎样界定中等收入群体？[J]. 北京社会科学，2017，(07)：4-10.
⑤ 周雁. 福建省中等收入者现状及扩大比重研究 [J]. 福建省社会主义学院学报，2005，(02)：76-82.
⑥ 郑功成. 完善民生保障 促进共同富裕 [N]. 中国劳动保障报，2021-08-31 (03).

量的家庭储蓄和适度的财产收入，并且会进行基本生存需要的相关消费等。① 不同学者基于学术研究或政策研究的目的，不断完善中等收入群体的概念。

在经济体制改革过程中，政府研究机构也对中等收入群体的概念进行了一些界定。政策研究者一般认为中等收入群体指一定时期内收入保持在中等水平且生活相对稳定的群体。② 国家统计局城调总队课题组认为城市中等收入群体指我国城市社会成员中收入丰厚的家庭群体。③ 2019 年 1 月，时任国家统计局局长宁吉喆在 2018 年国民经济运行情况记者会上表示，"我们拥有全球规模最大、最具成长性的中等收入群体"，以中国典型的三口之家年收入在 10 万元至 50 万元之间来算，中国有 4 亿多人、约 1.4 亿个家庭有购车、购房、闲暇旅游的能力。④ 2021 年 7 月，"中等收入群体规模不断扩大、结构持续优化、生活品质不断提升"被写入《浙江高质量发展建设共同富裕示范区实施方案（2021—2025 年）》中。⑤ 综上可见，相关研究与讨论已经达成的基本共识是中等收入群体可被直观地理解为收入中等的人群，且其应具有一定的生活标准。

可以看出，无论是官方还是学界，各方提到的"中等收入群体"虽然名称相同，但对概念的认识有所不同，具体测度的标准也不完全相同。

第二节　收入测度法

关于中等收入的测度指标和标准，目前尚未在学界达成共识，官方也未正式公布权威统一的统计标准。学者对中等收入群体的概念设定并不局限于收入方面，多考虑数据可获得性和指标应用便利性，不过，以收入

① 蔡昉. 实现共同富裕必须努力扩大中等收入群体 [N]. 经济日报，2020-12-07（02）.
② 宏观经济研究院经济和社会发展研究所课题组. 中等收入者的概念和划分标准 [J]. 宏观经济研究，2004，（05）：53-55. 国家发改委社会发展研究所课题组，常兴华，李伟. 扩大中等收入者比重的实证分析和政策建议 [J]. 经济学动态，2012，（05）：12-17.
③ 国家统计局城调总队课题组 .6 万-50 万元：中国城市中等收入群体探究 [J]. 数据，2005，（06）：39-41.
④ 国家统计局局长就 2018 年国民经济运行情况答记者问 [EB/OL]. （2019-01-21）. https：// www. stats. gov. cn/sj/sjjd/202302/t20230202_ 1896129. html.
⑤ 浙江高质量发展建设共同富裕示范区实施方案（2021—2025 年）[EB/OL]. （2021-07-19）. https：//zjnews. zjol. com. cn/202107/t20210719_ 22819041. shtml.

（绝对收入或相对收入）为单一维度的测度标准仍然最为广泛。

收入标准分为绝对收入标准和相对收入标准。绝对收入标准用收入的绝对水平数值范围来衡量，如可把家庭年收入[1]、人均可支配收入[2]、人均日收入[3]等作为测度指标，且国家发改委社会发展研究所课题组等认为，中等收入者的标准应是绝对的，可变标准不能完全客观地反映社会进步情况与经济发展水平。[4] 但各学者的数据调整方式和测度年份不一，采用的具体标准的差异较大。

中等收入群体的绝对收入标准背后隐藏着一个关键问题，即中等收入的测度标准应该把家庭收入作为基准还是把个人（或人均）收入作为基准？家庭与个人之间不完全对应的背后的核心在于收入一般由个人获取，但主要的消费则由家庭统一支出，房车等财产的持有也以家庭为单位。若把家庭收入作为标准，则人口尤其是劳动人口较多的家庭的人口很容易被计入中等收入群体，但部分人口的人均收入可能较低，若采用人均收入标准，则其可能不被计入中等收入群体。若把人均收入作为标准，则单口之家、两口之家的人口易被计入中等收入群体，但其家庭收入较低，若采用家庭收入标准，则其可能难以被计入中等收入群体。学者进行研究时多把个人（或人均）收入作为测度标准，但作为判断我国中等收入群体规模的最主要的官方依据，国家统计局城调总队课题组在 2005 年就提出将 6 万~50 万元作为城市中等收入群体的界定口径。[5] 之后，根据时任国家统计局局长宁吉喆就 2018 年国民经济运行情况答记者问时的回答，以中国典型的三口之家计算，年收入为 10 万~50 万元可作为我国中等收入家庭的标准。尽管这一

① 国家统计局城调总队课题组 . 6 万-50 万元：中国城市中等收入群体探究 [J]. 数据，2005，（06）：39-41. 国家统计局局长就 2018 年国民经济运行情况答记者问 [EB/OL]. (2019-01-21). https://www.stats.gov.cn/sj/sjjd/202302/t20230202_1896129.html.

② 国家发改委社会发展研究所课题组，常兴华，李伟 . 扩大中等收入者比重的实证分析和政策建议 [J]. 经济学动态，2012，（05）：12-17. 李波 . "精准扩中"路径研究 [D]. 上海财经大学，2020. 任昊，秦敏 . 我国人口结构对消费的影响：需求侧视角下多维度社会人口结构的再考量 [J]. 商业经济研究，2021，（23）：38-41.

③ 李春玲 . 中等收入群体的构成特征与新时代"精准扩中"策略 [J]. 统一战线学研究，2018，（01）：27-32.

④ 国家发改委社会发展研究所课题组，常兴华，李伟 . 扩大中等收入者比重的实证分析和政策建议 [J]. 经济学动态，2012，（05）：12-17.

⑤ 国家统计局城调总队课题组 . 6 万-50 万元：中国城市中等收入群体探究 [J]. 数据，2005，（06）：39-41.

标准背后的微观依据未得到全面阐释,但其特有的"三口之家"等限定词,以及"10 万~50 万元"的巨大跨度都使该标准具有一定局限性,不过,其简单明确的突出特点及官方的权威性,却使这一口径成为判断我国中等收入群体规模的重要依据。

对比而言,相对收入标准多基于收入分布中的某个相对区间来界定中等收入群体,避免了绝对收入标准因物价随时间变化而适用性变差的问题,使用范围更为广泛,杨修娜等、阮敬等使用收入中位数的 67% ~ 200%,① 吴鹏和常远选取收入中位数的 75% ~ 125%,② Foster 和 Wolfson、龙莹分别以收入中位数的 75% ~ 125%、75% ~ 150% 与 50% ~ 150% 进行测算;③ 李培林和张翼把中国非农业户籍人口的平均收入线作为参照基准,把平均线以上到平均线的 2.5 倍的人群定义为"中等收入层"。④ 个别学者以居民收入的分布为依据,用某个固定分布区间的相对标准来衡量"中等",陈新年将城镇居民收入分布中中间 20% 的上下限作为中等收入标准,⑤ 托马斯·皮凯蒂将收入十等分组中的第 6~9 组视为中产阶级,⑥ 李培林和朱迪将收入 25%~95% 分位点的人群视为中等收入群体,⑦ 但此类标准以固定份额为基准,观测收入上下限或均值水平的变化,未讨论中等收入群体占比的变化,与基于中位数或均值的相对收入区间测算方法的出发点有所差异。但是,如图 2-1 所示,无论是采用绝对收入标准还是相对收入标准,不同学者拟定的中等收入区间的差异极大,覆盖范围和涉及人群并不相同。

① 杨修娜,万海远,李实.我国中等收入群体比重及其特征 [J].北京工商大学学报(社会科学版),2018,(06):10-22.阮敬,王继田,刘雅楠.中等收入群体与橄榄型收入格局的结构演化——基于推动共同富裕的研究背景 [J].统计学报,2021,(01):1-15.
② 吴鹏,常远.中等收入群体的测算与现状研究——基于 CHNS 与 CHIP 数据 [J].社会科学研究,2018,(02):72-82.
③ Foster J. E., Wolfson M. C. Polarization and the decline if the middle class:Canada and the US [J]. Journal of economic inequality. 2010,(08):247-273.龙莹.中国中等收入群体规模动态变迁与收入两极分化:统计描述与测算 [J].财贸研究,2012,(02):92-99.
④ 李培林,张翼.中国中产阶级的规模、认同和社会态度 [J].社会,2008,(02):1-19+220.
⑤ 陈新年.扩大中等收入者比重的战略措施 [J].经济研究参考,2005,(05):20-48.
⑥ 托马斯·皮凯蒂.21 世纪资本论 [M].北京:中信出版社,2014.
⑦ 李培林,朱迪.努力形成橄榄型分配格局——基于 2006-2013 年中国社会状况调查数据的分析 [J].中国社会科学,2015,(01):45-65+203.

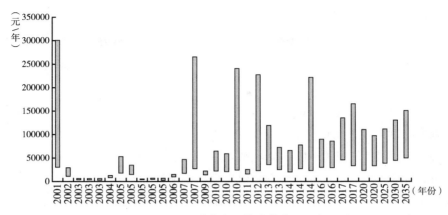

图 2-1　不同学者定义的中等收入区间

注：①为直观表示，图中未对人均年收入、人均可支配收入进行区分，两个概念并不相同——人均年收入扣除转移性净收入之后，即为人均可支配收入；②将界定标准单位为"元/天"或"美元/天"换算为"元/年"。

资料来源：笔者基于文献梳理绘制而成。

第三节　支出或财富测度法

很多时候，收入水平不能完全反映一个人的经济状况。收入只是个体在一定时期内获取的货币流量，无法全面反映个体的经济实力和状况，支出和财富反而往往更贴近个体生活水平的实际情况，更能反映个体在社会中的经济实力和地位。同时，支出和财富是在收入基础上形成和积累的，更能揭示一个人在长期内的经济能力和稳定性。通过分析支出和财富，可以更好地了解一个人的家庭资产状况和消费能力，更全面地评估其经济状况。因此，一些学者选择使用支出或财富来区分不同的收入水平。

在支出指标上，可使用人均日消费支出这样的绝对消费规模指标来确认，也可使用恩格尔系数、各类支出占比等消费结构指标来确认。Kharas 使用人均日消费支出（11～110 美元，2011 年购买力平价）测度中等收入群体；[①] 李培林和张翼认为消费分层为社会分层研究提供了重要视角，可将恩格尔系数大于 50%小于 59%的家庭划为中间阶层，大于 40%小于 49%为中

---

① Kharas H. The unprecedented expansion of the global middle class: An update [J]. Global economy and development, 2017, 28 (4): 47-85.

上阶层，大于 60% 小于 69% 为中下阶层，^① 这样会发现有 22% 的家庭为中间阶层，17.7% 为中上阶层，19.7% 为中下阶层；也有学者在测度中等收入群体时还考虑了文化娱乐及服务支出占比[2]、家庭耐用消费品拥有情况指数[3]等。

有的学者关注的是财富水平，这要求学者使用的数据包含较全面的财富数据，因此较为受限。甘犁认为个人净财富达到 5 万~50 万美元的群体为中等收入群体[4]，但 Credit Suisse 则认为此范围应为 10 万~100 万美元[5]。Credit Suisse 发布的《2023 年全球财富数据手册》将成年人所拥有的财富分为 4 个区间：1 万美元以下、1 万~10 万美元、10 万~100 万美元、100 万美元以上。财富是收入的积累，各财富区间的成年人占比可大致反映整个社会的收入结构。如图 2-2 所示，2022 年，主要发达国家（美国、英国、法国、德国、日本）的财富结构均呈现典型的"橄榄型"结构，英国 1 万美元以下财富水平的成年人占比最高，但 1 万~10 万美元财富水平的成年人占比最低；与之相反，德国 1 万美元以下财富水平的成年人占比最低，但 1 万~10 万美元财富水平的成年人占比最高；对于 10 万~100 万美元财富水平的成年人占比，法国最高，德国最低。如图 2-3 所示，2018 年，在主要发展中国家中，除中国外，俄罗斯、印度、巴西、南非的财富结构均呈现"金字塔型"结构，其中，财富水平在 1 万美元以下的印度成年人占比高达73.8%，南非达到 73.5%；中国正在形成"橄榄型"财富结构，但水平较低，1 万~10 万美元财富水平的成年人占比最高（65.6%），1 万美元以下财富水平的成年人占比为 19.3%，10 万~100 万美元财富水平的成年人占比为 14.5%。

① 李培林，张翼. 消费分层：启动经济的一个重要视点 [J]. 中国社会科学，2000，（01）：52-61+205.

② 宏观经济研究院经济和社会发展研究所课题组. 中等收入者的概念和划分标准 [J]. 宏观经济研究，2004，（05）：53-55.

③ 李春玲. 中国当代中产阶层的构成及比例 [J]. 中国人口科学，2003，（06）：29-36.

④ 甘犁：中国有多少中产阶层？ [EB/OL]. （2015-11-18）. http://www.p5w.net/news/xwpl/201511/t20151118_ 1264304.htm.

⑤ Credit Suisse. Global Wealth Report 2018 [R]. Zurich：Credit Suisse，2018.

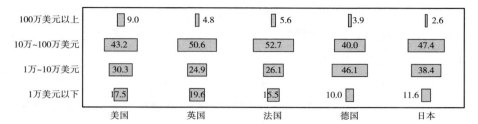

图2-2　2022年世界主要发达国家各财富区间成年人占比

注：图中使用区块大小区分比例大小，单位为%。

资料来源：笔者根据 Credit Suisse Global Wealth Databook 2023 绘制。

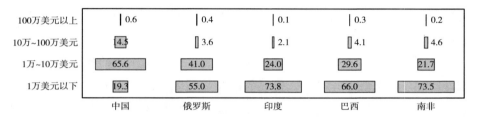

图2-3　2018年世界主要发展中国家各财富区间成年人占比

注：图中使用区块大小区分比例大小，单位为%。

资料来源：笔者根据 Credit Suisse Global Wealth Databook 2023 绘制。

第四节　社会特征测度法

社会学学者对中等收入群体的研究较早，多使用社会特征测度法测度中等收入群体。

李春玲一方面通过职业认定党政领导、企业经理、私营企业主、专业技术人员和办事人员为中等收入群体，五类职业群体占比之和为15.9%；另一方面创新性地设定了主观认同标准，以个人的自我社会地位评价为主观认同标准，发现有近半数的人主观认同自身为中等收入群体。[①]

张翼以阶级概念进行划分，将拥有一定资产并雇用7人及以下非家庭成员的业主或不雇用他人的自雇者视为"老中产阶级"，拥有雇员的阶层是"老中产阶级"的上层，在使用雇员进行生产劳动的特性上，其更类似于业主阶层，而无雇员的自雇者是其下层，与工人阶级相像，但具有更多的劳

---

① 李春玲. 中国当代中产阶层的构成及比例［J］. 中国人口科学，2003，（06）：29-36.

动自主性；将无资产、受雇于国家机构和企业等的非体力劳动者视为"新中产阶级"，包括专业管理阶层、专业监理阶层、专业人员阶层、技术管理阶层、技术监理阶层以及体力管理阶层。①

李强认为在社会学的研究中，白领与中产具有很强的共同属性，它们大体上是相互重合的。四次全国人口普查数据中的白领群体所占比例为："三普"（1982 年）为 11.94%，"四普"（1990 年）为 14.21%，"五普"（2000 年）为 19.65%，"六普"（2010 年）为 30.05%。从"五普"到"六普"，增速最快的是白领群体中的"经营销售人员"以及"办事员"，"六普"数据显示，这些白领群体中的 58.2% 是农村户籍人口，即出身于农民家庭。②

总体来看，学者基于特定的研究背景、目标使用不同的概念及测度标准，同时，由于使用的宏观、微观数据及数据处理方式存在差异，对中等收入群体占比的测算结果的差异较大。如图 2-4 所示，可大致看出 2010 年以前的中等收入群体比重差异较大。例如，在李春玲设定的职业、收入、消费、主观认同四重标准③下，2001 年仅 4.1% 的人可以被称为中等收入群

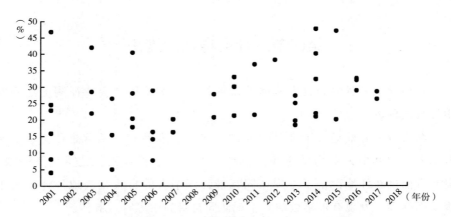

图 2-4　学者依据不同定义计算的中等收入群体比重
资料来源：笔者基于文献梳理绘制而成。

① 张翼 . 当前中国中产阶层的政治态度［J］. 中国社会科学，2008，（02）：117-131+207.
② 李强 . 中国离橄榄型社会还有多远——对于中产阶层发展的社会学分析［J］. 探索与争鸣，2016，（08）：2+4-11.
③ 李春玲 . 中国当代中产阶层的构成及比例［J］. 中国人口科学，2003，（06）：29-36.

体，而单纯从主观认同标准来看，这一比例则高达 46.8%。2010 年以后，各学者测算的中等收入群体的占比基本为 30% 左右。

第五节　生活质量测度法

在收入、支出、财富、社会特征之外，是否可以通过生活质量识别中等收入群体？在学术研究中，测度中等收入群体时采用的收入、支出或财富标准与生活质量标准在测度角度和衡量范围上存在显著差异。收入、支出或财富主要从经济和财务角度反映个体或家庭的财务状况，强调物质层面的指标和可比性；一定的收入水平是提高生活质量的基础，消费水平及结构是生活质量的直接体现，房产、汽车等资产也能够体现一定程度的生活质量，因此生活质量标准涵盖更广泛的领域，能够综合反映收入、支出或财富状况。

在界定中等收入群体概念时，学者多认同其应具有较高的生活水平或生活质量，尽管已有研究提出了一些具有参考价值的指向性变量，但在具体测度时考虑生活质量的相关研究并不多或仅考虑单一维度的消费情况，较少有学者在具体测度时进行系统考虑。

李培林和张翼认为中间阶层的恩格尔系数应处于 50%~59%，中下阶层的恩格尔系数处于 60%~69%，中上阶层的恩格尔系数处于 40%~49%。[①]

李春玲将家用电器和耐用消费品分为四类——第一类为彩电、冰箱和洗衣机（每件 1 分），第二类为固定电话、手机、组合音箱、影碟机、空调和微波炉（每件 1 分），第三类为电脑、摄像机、钢琴、摩托车（每件 4 分），第四类为家用轿车（每件 12 分），以此设定家庭耐用消费品拥有情况指数，将得分在 6 分以上者视为中产阶层。[②]

苏海南认为中等收入群体的人均住房面积应达到全国平均水平且拥有一定数量的金融资产。[③] 李强和赵罗英认为中等生活水平指标应涵盖收入、财产、消费、生活方式（文化娱乐和旅游）、主观生活态度，并基于 CFPS

① 李培林，张翼．消费分层：启动经济的一个重要视点 [J]．中国社会科学，2000，（01）：52-61+205.
② 李春玲．中国当代中产阶层的构成及比例 [J]．中国人口科学，2003，（06）：29-36.
③ 苏海南．我国中等收入群体的产生、发展和现状 [J]．人事天地，2016，（12）：9-11.

数据库提出了相应标准。① 其中，收入标准为家庭年人均可支配收入为 2 万~6.7 万元；财产标准为有房、有车、有金融理财产品；消费标准为恩格尔系数为 30%~36.5%；生活方式标准为每年有文化娱乐支出，每年有旅游支出（文化娱乐标准主要指购买与阅读报纸与杂志、看电影与看戏等，旅游标准包括外出旅游和度假）；主观生活态度标准为主观社会经济地位居中及以上、对生活满意、对未来有信心。

较为权威的标准是宏观经济研究院经济和社会发展研究所课题组首次系统提出的用生活质量法测度中等收入群体的标准：①恩格尔系数应在 35% 以下；②人均居住面积应为 30 平方米以上；③人均蛋白质日摄入量应为 85 克以上；④文化娱乐及服务支出比重应在 40% 以上。② 但该课题组仅提出标准，或许由于数据受限而未进行相应的测算。

可以看出，生活质量的测度标准比较多样，收入、财产、消费、饮食、住房、娱乐等均可反映一定的生活质量，因此在测度时应注重其多维性与综合性。

第六节　数据选择与测度标准使用

什么类型的数据符合对中等收入群体的识别及相关研究？宏观数据主要反映一定区域内的总量或均值情况，如某一区域的人均可支配收入，对与其对应的总量进行分析，能够反映整个经济的运行水平、变化和经济变量之间的相互关系。然而，对中等收入群体的测度必然涉及个人或家庭的经济特征，需要分析处于不同分位数的个人或家庭的收入结构或其他经济特征，由于宏观数据无法观测个体差异，因此无法讨论具有针对性的政策措施。当然，也有学者直接使用宏观数据进行较为粗略的中等收入群体测算，国家发改委社会发展研究所课题组等、李波采用《中国统计年鉴》《中国城市（镇）生活与价格年鉴》《中国农村住户调查年鉴》等中的人均可支配收入（或人均纯收入）的五等分、七等分分组数据和城镇及农村人口数，

---

① 李强，赵罗英. 中国中等收入群体和中等生活水平研究 [J]. 河北学刊，2017，（03）：151-157.

② 宏观经济研究院经济和社会发展研究所课题组. 中等收入者的概念和划分标准 [J]. 宏观经济研究，2004，（05）：53-55.

使用对数正态分布拟合收入函数进行测算,[①] 苏海南使用《中国统计年鉴》中的收入五等分分组数据并结合劳动者工资水平进行测算。[②]

但是,需要认识到,中等收入群体的研究对象为家庭或个人,对其的识别需要单个家庭或个人的收入、消费及财产等多维信息。准确测度中等收入群体不仅是为了构建一个研究基础,更重要的目的是认识中等收入群体的异质性,探究不同因素对扩大中等收入群体的影响,最终目的是为制定扩大中等收入群体相关政策提供科学依据。微观数据对应个量分析,不仅能反映个体或家庭的收入水平及结构,还能使用其他经济或社会特征(如教育、健康等)评估个体或家庭的收入可持续性和收入质量,科学测度中等收入群体的规模和占比。连续追踪的微观数据可形成面板数据,对相同横截面单元(如个人或家庭)在时间轴上进行连续跟踪,可以得到有关个体行为的动态信息。

在实际研究中,对中等收入群体的准确测度需要借助高质量的微观数据库。比如,李强和徐玲同时使用中国家庭追踪调查(CFPS)和中国综合社会调查(CGSS)数据;[③] 阮敬等也使用 CFPS 数据;[④] 杨修娜等、李实使用中国家庭收入调查(CHIP)数据;[⑤] 甘犁使用中国家庭金融调查(CHFS)数据;[⑥] 李培林和朱迪、张翼、李春玲、李培林和张翼使用中国社会状况综合调查(CSS)数据;[⑦] 龙莹、吴鹏和常远使用中国健康与营养调

① 国家发改委社会发展研究所课题组,常兴华,李伟. 扩大中等收入者比重的实证分析和政策建议 [J]. 经济学动态,2012,(05):12-17. 李波. "精准扩中"路径研究 [D]. 上海财经大学,2020.

② 苏海南. 我国中等收入群体的产生、发展和现状 [J]. 人事天地,2016,(12):9-11.

③ 李强,徐玲. 怎样界定中等收入群体? [J]. 北京社会科学,2017,(07):4-10.

④ 阮敬,王继田,刘雅楠. 中等收入群体与橄榄型收入格局的结构演化——基于推动共同富裕的研究背景 [J]. 统计学报,2021,(01):1-15.

⑤ 杨修娜,万海远,李实. 我国中等收入群体比重及其特征 [J]. 北京工商大学学报(社会科学版),2018,(06):10-22. 李实. 中国中等收入群体的规模及其变化趋势 [J]. 社会治理,2017,(06):32-34.

⑥ 甘犁:中国有多少中产阶层? [EB/OL].（2015-11-18）.http://www.p5w.net/news/xwpl/201511/t20151118_ 1264304. htm.

⑦ 李培林,朱迪. 努力形成橄榄型分配格局——基于 2006-2013 年中国社会状况调查数据的分析 [J]. 中国社会科学,2015,(01):45-65+203. 张翼. 当前中国中产阶层的政治态度 [J]. 中国社会科学,2008,(02):117-131+207. 李春玲. 中等收入群体的构成特征与新时代"精准扩中"策略 [J]. 统一战线学研究,2018,(01):27-32. 李培林,张翼. 中国中产阶级的规模、认同和社会态度 [J]. 社会,2008,(02):1-19+220.

查（CHNS）数据。①

以上所涉及的多个微观数据库各具特点（如表2-1所示）。比较而言，CFPS的优势在于具有可追踪性，数据维度比较多元，目前发布的数据涉及的年份为2010年、2012年、2014年、2016年、2018年、2020年、2022年，历次全国调查的跨年追踪率较高。CHIP则为专门追踪中国家庭收入分配的动态情况的调查，其中所含收入数据较为翔实。CSS主要关注社会阶层地位流动、社会保障、价值观等社会学特征，社会学研究者较多使用。此外，CHFS的侧重点在于家庭经济与金融情况，CGSS侧重于调查社会变迁趋势，CHNS则主要调查人口健康和营养状况。事实上，中等收入群体的测度方法与微观数据库的选取有较大相关性，不同数据库的侧重点存在差异，所涉及的数据必须能够支撑测度方法的要求。②

综合判断，CFPS的数据类型最为丰富，数据质量更高，样本选择更具代表性且可追踪，适于研究跨年变化的趋势和分析微观动态，可满足本书对于中等收入群体研究的要求。CFPS是一个全国性、大规模、多学科的社会跟踪调查，旨在通过跟踪收集个体、家庭、社区三个层面的数据，反映中国社会、经济、人口、教育和健康的变迁情况，并为学术研究和公共政策分析奠定数据基础。CFPS重点关注中国居民的经济与非经济福利，以及包括经济活动、教育成果、家庭关系与家庭动态、人口迁移、健康等在内的诸多研究主题。2010年，CFPS基线调查在全国展开，样本覆盖25个省区市161个区县的644个村居，共计成功访问14960户家庭的42590个成人和儿童。

关于中等收入群体的测度标准，本书决定按照国家统计局发布的标准，将家庭年收入为10万～50万元的群体视为中等收入群体。相应地，家庭年收入为0～10万元的群体为低收入群体，超过50万元的群体则为高收入群体。当然，不同年份的中等收入群体的标准有所不同，梳理资料可以发现，国家统计局的中等收入标准在2010年为家庭可支配收入为8万～

---

① 龙莹. 中国中等收入群体规模动态变迁与收入两极分化：统计描述与测算 [J]. 财贸研究，2012，（02）：92-99. 吴鹏，常远. 中等收入群体的测算与现状研究——基于CHNS与CHIP数据 [J]. 社会科学研究，2018，（02）：72-82.
② 孔涛，吴琼，陈少波. 我国中等收入群体的界定标准及测度研究——基于生活质量法 [J]. 经济学家，2023，（06）：54-65.

40 万元①，2015 年变为 9 万~45 万元②；2018 年变为三口之家的家庭年收入为 10 万~50 万元③。对应 CFPS 发布的数据涉及的年份，不同收入群体的收入标准见表 2-2。

表 2-1　测度中等收入群体主要使用的微观数据库的情况

数据名称	执行机构	开放数据年份	数据类型	分析单位	调查重点
中国家庭追踪调查（Chinese Family Panel Studies, CFPS）	北京大学中国社会科学调查中心	2010 年、2012 年、2014 年、2016 年、2018 年、2020 年、2022 年	追踪调查数据	个人、家庭、社区	中国社会、经济、人口、教育和健康的变迁情况
中国家庭金融调查（China Household Finance Survey, CHFS）	西南财经大学中国家庭金融调查与研究中心	2011 年、2013 年、2015 年、2017 年、2019 年	追踪调查数据	个人、家庭	家庭经济与金融情况
中国家庭收入调查（Chinese Household Income Project, CHIP）	北京师范大学中国收入分配研究院	1988 年、1995 年、2002 年、2007 年、2013 年、2018 年	截面数据	个人、家庭	收入、消费、就业及生产等情况
中国综合社会调查（Chinese General Social Survey, CGSS）	中国人民大学中国调查与数据中心	2003 年、2005 年、2006 年、2008 年、2010 年、2011 年、2012 年、2013 年、2015 年、2017 年、2018 年、2021 年	截面数据	个人、家庭	社会变迁趋势
中国社会状况综合调查（Chinese Social Survey, CSS）	中国社会科学院社会学研究所	2006 年、2008 年、2011 年、2013 年、2015 年、2017 年、2019 年、2021 年	截面数据	个人、家庭	劳动就业、家庭及社会生活、社会态度等

①　张林江．中产阶层壮大、扩大内需与经济转型［J］．中国党政干部论坛，2016，（09）：67-71．

②　李培林等．当代中国阶级阶层变动（1978—2018）［M］．北京：社会科学文献出版社，2018：14．

③　国家统计局局长就 2018 年国民经济运行情况答记者问［EB/OL］．（2019-1-21）．https：//www.stats.gov.cn/sj/sjjd/202302/t20230202_1896129.html．

数据名称	执行机构	开放数据年份	数据类型	分析单位	调查重点
中国健康与营养调查（China Health and Nutrition Survey，CHNS）	美国北卡罗来纳大学人口中心与中国疾病预防控制中心营养与健康所（原中国预防医学科学院营养与食品卫生研究所）	1989 年、1991 年、1993 年、1997 年、2000 年、2004 年、2006 年、2009 年、2011 年、2015 年	追踪调查数据	个人、家庭、社区	人口健康和营养状况

资料来源：笔者整理。

表 2-2　不同收入群体的收入标准

单位：万元

年份	低收入群体	中等收入群体	高收入群体
2010	[0，8)	[8，40)	[40，40+)
2012	[0，8)	[8，40)	[40，40+)
2014	[0，9)	[9，45)	[45，45+)
2016	[0，9)	[9，45)	[45，45+)
2018	[0，10)	[10，50)	[50，50+)
2020	[0，10)	[10，50)	[50，50+)
2022	[0，10)	[10，50)	[50，50+)

第三章　中等收入群体占比及规模的变化

在过去十多年中，从宏观数据看，我国居民收入不断增长，城乡居民收入差距缩小，但地区与省区市间的居民收入差距仍然较大。居民收入状况与中等收入群体占比关系密切，一般而言，居民人均可支配收入越高的地方，中等收入群体占比越高。基于微观数据的测算显示，我国居民收入分布结构正在由"金字塔型"向"橄榄型"变化，中等收入群体规模与占比不断扩大与提高。城镇、东部沿海发达省区市的中等收入群体占比较高，农村、中西部欠发达省区市的中等收入群体占比较低。此外，本书基于生活质量法测算了中等收入群体的情况，测算结果显示，2022 年，我国有 31.1% 的人口拥有中等生活质量，低于 38.8% 的中等收入群体占比。

第一节　我国发展与扩大中等收入群体目标

改革开放初期，我国经济体制逐步由计划经济向市场经济转变，这一阶段的主要目标是激发经济活力，促进生产发展。由于实行了"以农业为基础、以工业为主导"的政策，国有企业占据主导地位，这在一定程度上限制了收入分配的多样化。农民在改革开放初期的收入水平相对较低，因此政府高度重视提高农民的收入水平，通过改革农村土地制度，实行家庭联产承包责任制，激发农民参与生产的积极性，实现农民收入增加。在国有企业、农村改革的同时，政府支持和鼓励私营经济发展，希望多种所有制经济共同发展，实现收入分配多元化。

1992 年，我国开始实行社会主义市场经济体制，国有企业改革逐渐推进，私营经济开始蓬勃发展。在这一阶段，东部沿海省区市的经济快速发展，但内陆省区市的经济发展相对缓慢，区域性不均衡发展以及随之产生的区域性收入差距问题开始显现。同时，随着国有企业改革的深化和私营经济的发展，城镇企业员工的收入水平得到提高，一些高技能、高薪资的行业的职工的收入明显增加，但是，由于实行家庭联产承包责任制后农村的进一步改革较少，农村居民收入增长缓慢，城乡收入差距进一步扩大。

21世纪前10年是中国经济高速增长的时期。尤其是中国加入WTO后，经济全球化加速，中国对外开放程度不断提高，经济持续保持较高增速。同时，城镇化进程加快，不仅带动城乡收入差距扩大，也使城乡居民所享受的基础设施、交通条件、生活环境、生活质量等差距扩大。但也是在这一阶段，中国政府开始重视改善收入分配，通过取消农业税、逐步提高最低工资、建立社会救助体系等方式，缩小城乡和地区之间的收入差距。2002年11月8日，党的十六大报告首次提出有关扩大中等收入者（中等收入群体）① 的相关内容，提出"以共同富裕为目标，扩大中等收入者比重，提高低收入者收入水平"。此后，扩大中等收入群体成为历次党的全国代表大会和五年规划中的必要目标。

2010年以后，我国开始进行经济结构调整，逐渐向高质量发展转变。在这一阶段，我国在促进共同富裕方面取得了显著的成就。首先，我国实施了一系列扶贫政策和措施，包括精准扶贫、产业扶贫、教育扶贫、健康扶贫等，改善了贫困地区的交通、水利、电力等基础设施，提升了当地居民的生活品质，为贫困地区提供了全方位的支持和帮助，贫困人口数量大幅减少，将近8亿贫困人口实现脱贫。其次，不断扩大社会保障覆盖范围，逐步提高各项社会保障水平，加强对社会保障基金的管理，提高资金使用效率，通过建立全国统一的社会保障体系，确保参保人员能够获得相应的保障，让更多的人享受社会福利。最后，优化收入再分配制度。这一阶段调整了个人所得税结构，逐步提高了起征点，降低了中低收入者的税负，减轻了他们的经济压力。同时，完善了个人所得税扣除政策，减少了中低收入者的纳税额，提高了他们的实际收入水平。此外，加强了对高收入者的税收征管，加大了对高收入群体的征税力度，调节高收入者和中低收入者之间的收入差距，促进收入分配均衡。扩大中等收入群体在这一阶段获得了党中央的高度重视，2016年5月16日，中央财经领导小组第十三次会

---

① 2010年"十二五"规划提出"持续扩大中等收入群体"的目标。党的十八大以后，"中等收入者"开始逐渐被改为"中等收入群体"。

议听取了国家发展和改革委员会、财政部、人力资源和社会保障部关于扩大中等收入群体工作的汇报。习近平总书记强调，"扩大中等收入群体，关系全面建成小康社会目标的实现，是转方式调结构的必然要求，是维护社会和谐稳定、国家长治久安的必然要求"。[①] 2017 年，党的十九大报告指出，我国"中等收入群体持续扩大"，[②] 我国形成了世界上人口最多的中等收入群体，并将扩大中等收入群体列为 2035 年基本实现社会主义现代化的发展目标。

　　2020 年以来，面对外部世界深刻复杂的变化，"扩大中等收入群体"被赋予新的发展内涵——规模庞大、边际消费倾向较高的中等收入群体是扩大内需、促进消费的重要基础，在我国提出以扩大内需为战略基点，加快构建以国内大循环为主体、国内国际双循环相互促进的新发展格局背景下，扩大中等收入群体将对我国经济长期保持活力产生重要影响。2020 年中央经济工作会议指出，"扩大中等收入群体"是扩大消费最根本的方法之一。[③] 2021 年，《中华人民共和国国民经济和社会发展第十四个五年规划和 2035 年远景目标纲要》指出，"全面促进消费"需要"采取增加居民收入与减负并举等措施，不断扩大中等收入群体，持续释放消费潜力"。[④] 同时，有关扩大中等收入群体的目标更加具象化，"要抓住重点、精准施策，推动更多低收入人群迈入中等收入行列"，《中华人民共和国国民经济和社会发展第十四个五年规划和 2035 年远景目标纲要》明确了扩大中等收入群体的重点人群，提出"实施扩大中等收入群体行动计划，以高校和职业院校毕业生、技能型劳动者、农民工等为重点，不断提高中等收入群体比重"。[⑤]

　　中国式现代化是全体人民共同富裕的现代化。作为共同富裕的重要抓手，"扩大中等收入群体"长期以来都是我国重要的收入分配目标。党的十八大以

---

① 习近平. 习近平谈治国理政：第二卷 [M]. 北京：外文出版社，2017：369.
② 习近平：决胜全面建成小康社会　夺取新时代中国特色社会主义伟大胜利——在中国共产党第十九次全国代表大会上的报告 [EB/OL]. (2017-10-18). https://www.gov.cn/zhuanti/2017-10/27/content_ 5234876. htm.
③ 中央经济工作会议在北京举行　习近平李克强作重要讲话 [EB/OL]. (2020-12-18). https://www.12371.cn/2020/12/18/ARTI1608287844045164. shtml.
④ 中华人民共和国国民经济和社会发展第十四个五年规划和 2035 年远景目标纲要 [EB/OL]. (2021-03-13). https://www.gov.cn/xinwen/2021-03/13/content_ 5592681. htm.
⑤ 中华人民共和国国民经济和社会发展第十四个五年规划和 2035 年远景目标纲要 [EB/OL]. (2021-03-13). https://www.gov.cn/xinwen/2021-03/13/content_ 5592681. htm.

来，我国把逐步实现全体人民共同富裕摆在更加重要的位置。党的十九大报告明确指出，"我国社会主要矛盾已经转化为人民日益增长的美好生活需要和不平衡不充分的发展之间的矛盾"，① 因此，在提高人民收入水平的同时优化收入分配结构、改善人民生活是关乎实现共同富裕，让改革发展成果更多、更公平惠及全体人民的重要方面。在习近平新时代中国特色社会主义思想的指引下，我国打赢脱贫攻坚战、消除绝对贫困，全面建成小康社会如期完成，中国特色社会主义进入新发展阶段。站在扎实推动共同富裕的新起点上，进一步扩大中等收入群体成为我国长期发展的重要战略。中等收入群体的富裕程度的提高及规模、比重的扩大、提升是促进共同富裕的重要体现，在中等收入群体规模扩大的过程中，社会结构将逐步由"金字塔型"向"橄榄型"转变。

第二节　宏观数据下的收入分布

一　全国与城乡的居民人均收入情况

改革开放以来，我国经济长期保持高速发展态势。2023 年，我国人均 GDP 达到 89358 元。② 然而，在我国经济高速增长的同时，居民收入不均等的状况逐渐凸显。2008 年，全国居民人均可支配收入基尼系数达到最高点 49.1%，此后波动下降，2022 年为 46.7%。③ 总体而言，过去十年中，我国居民收入不平等的情况小幅改善，收入不平等加剧的势头得到缓解，但总体水平仍在高位徘徊。长期以来，我国居民收入稳定增长，但收入差距仍处于较高水平，收入分配结构有待进一步优化。

在分析居民收入状况时，同时使用人均可支配收入和人均可支配收入中位数这两个指标，可以更全面地了解居民的收入分布情况和收入水平。

2010～2023 年，我国居民人均可支配收入持续稳定增长，从 2010 年的

① 习近平：决胜全面建成小康社会　夺取新时代中国特色社会主义伟大胜利——在中国共产党第十九次全国代表大会上的报告 [EB/OL]. (2017-10-18). https://www.gov.cn/zhuanti/2017-10/27/content_5234876.htm.

② 中华人民共和国 2023 年国民经济和社会发展统计公报 [EB/OL]. (2024-02-29). https://www.gov.cn/lianbo/bumen/202402/content_6934935.htm.

③ 居民人均可支配收入基尼系数 [EB/OL]. (2024-01-01). https://data.stats.gov.cn/easyquery.htm? cn=C01&zb=A0A0G&sj=2023.

12520 元增长至 2023 年的 39218 元（见图 3-1），年均增速达到 9.2%。其中，2010～2019 年，我国居民人均可支配收入呈现增长趋势，但增速渐缓，从 10.4% 下降至 5.8%；2019～2023 年，我国居民人均可支配收入仍然增长，但增速波动较大，2020 年、2022 年增速均未超过 3%。

　　一般情况下，我国居民人均收入水平提高，意味着大多数人的收入增长，更多的人有机会成为中等收入群体。这一方面体现了国家经济持续健康发展，另一方面反映了居民生活水平不断提升。当然，由于人均可支配收入分布具有不均衡性，仅依赖人均可支配收入这一平均指标可能会掩盖一些重要信息。若人均可支配收入分布呈现偏态分布，即少数人的收入非常高，而大多数人的收入较低，那么人均可支配收入可能会比低收入群体的收入高，从而不能真实地反映大多数人的收入状况。2021 年，我国居民人均可支配收入超过 3.3 万元的中等收入下限标准，这说明我国已具备一定比例和一定规模的中等收入群体。但由于人均可支配收入的中位数低于人均可支配收入，中等收入家庭的占比肯定低于 50%。

　　2013～2023 年，我国人均可支配收入中位数也呈现增长趋势，从 2013 年的 15632 元增长至 2023 年的 33036 元，年均增速达到 7.8%。其中，2014～2019 年，我国居民人均可支配收入中位数增速均在 7% 以上；2019～2023 年，我国居民人均可支配收入中位数呈现增长趋势，2020 年、2022 年增速相对较低，分别为 3.8%、4.7%。

　　人均可支配收入中位数是衡量社会收入分配状况的重要指标，因为它不受极端高收入或低收入人群的影响，能够反映中间收入者的收入状况。相对于人均可支配收入的提高，人均可支配收入中位数的提高是一个更积极的信号，这意味着在社会收入分配中，大多数人的收入水平有了显著的提升，助推中间收入者的收入增长，收入分配更加均衡。2023 年，我国居民人均可支配收入中位数超过 3.3 万元的中等收入下限标准，这说明我国至少 50% 的家庭人均可支配收入超过 3.3 万元。但这并不意味着中等收入群体的占比必然超过 50%，这是因为人均可支配收入中位数是指将所有调查户按人均可支配收入水平从低到高（或从高到低）的顺序排列，处于最中间位置的调查户的人均可支配收入。由于低收入家庭一般人口较多，因此人均可支配收入的后 50% 家庭人口占比超过 50%，中等收入群体占比低于 50%，而且其中未剔除高收入群体。但可以肯定的是，中等收入群体的占比在不断接近 50%。

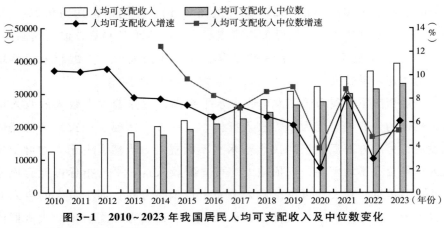

图 3-1 2010~2023 年我国居民人均可支配收入及中位数变化
资料来源：国家统计局网站。

分城乡看，2010~2023 年，我国城镇居民人均可支配收入从 18779 元增长至 51821 元（见图 3-2），年均增速为 8.1%；农村居民人均可支配收入从 6272 元增长至 21691 元，年均增速为 10.0%。其中，2016 年，城镇居民人均可支配收入超过 3.3 万元的中等收入下限标准，但直到 2023 年农村居民人均可支配收入距离 3.3 万元仍较远。同时，2023 年，城镇居民人均可支配收入中位数已达到 47122 元，而农村居民仅为 18748 元。因此，城镇居民中的中等收入群体占比要高于农村居民，而且城镇居民中的中等收入群体占比已超过 50%，农村居民中的中等收入群体占比较低。

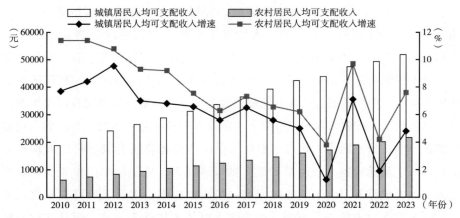

图 3-2 2010~2023 年我国城乡居民人均可支配收入变化
资料来源：国家统计局网站。

　　尽管城镇与农村居民人均可支配收入的绝对规模差距在扩大，但将城镇居民人均可支配收入与农村居民人均可支配收入相比可以发现，由于两者的差距在逐渐缩小，城乡居民人均可支配收入的比值从 2010 年的 3.0 降至 2023 年的 2.4（见图 3-3）。这主要是由于 2010 年以来，城乡之间协调发展进一步加快，脱贫攻坚稳步推进，乡村振兴持续发力，我国农村居民的收入增速一直高于城镇居民。其中，2010～2011 年、2013～2014 年、2020～2023 年，农村居民的收入增速均高出城镇居民至少 2 个百分点。可见，农村居民中的中等收入群体占比尽管较小，但也在不断增长。

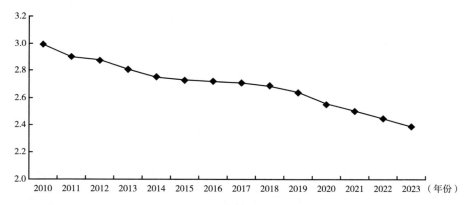

图 3-3　2010～2023 年我国城乡居民人均可支配收入的比值变化
资料来源：国家统计局网站。

二　不同地区与省区市的居民人均收入情况

　　2013～2022 年，我国不同地区的居民人均可支配收入均呈现稳定增长趋势。东部地区的居民人均可支配收入长期远高于其他地区，从 2013 年的 23658 元增长至 2022 年的 47027 元（见图 3-4），年均增速为 7.9%；近年来，中部地区的居民人均可支配收入增长较快，从 2013 年的 15264 元增长至 2022 年的 31434 元，首次超过东北地区，年均增速达到 8.4%；西部地区的居民人均可支配收入年均增速也较高，达到 8.6%，从 2013 年的 13919 元增长至 2022 年的 29267 元；相较而言，东北地区的居民人均可支配收入增长缓慢，年均增速仅为 6.5%，从 2013 年的 17893 元增长至 2022 年的 31405 元。

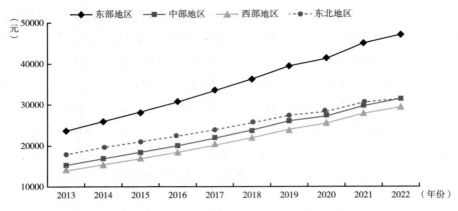

图 3-4 2013~2022 年我国不同地区的居民人均可支配收入变化
资料来源：国家统计局网站。

从 2017 年开始，东部地区的居民人均可支配收入已超过 3.3 万元的中等收入下限标准，中部地区和东北地区也较为接近。2022 年，东部地区的居民人均可支配收入达到 47027 元，这说明东部地区的中等收入群体占比已较高，且高于其他地区，中部地区、东北地区的中等收入群体占比高于西部地区。

从城乡收入差距的角度看，2022 年，西部地区的城乡居民人均可支配收入的差距最大，比值达到 2.5；东北地区最小，为 2.1；东部地区和中部地区分别为 2.3 和 2.2。从变化趋势看，2013~2022 年，不同地区的城乡居民人均可支配收入的差距均呈现缩小趋势。西部地区的城乡居民人均可支配收入的比值由 3.0 降至 2.5，东部地区由 2.6 降至 2.3，中部地区由 2.5 降至 2.2，东北地区由 2.4 降至 2.1（见图 3-5）。城乡居民人均可支配收入差距的缩小主要意味着在收入增长的过程中，农村居民的收入增速超过城镇居民，中等收入群体占比不断提高。

分省区市来看，2022 年，全国居民人均可支配收入为 36883 元。其中，上海（79610 元）、北京（77415 元）、浙江（60303 元）、江苏（49862元）、天津（48976 元）、广东（47065 元）、福建（43118 元）、山东（37560 元）均超过全国平均水平。除上述省区市外，辽宁（36089 元）、内蒙古（35921 元）、重庆（35666 元）、湖南（34036 元）均超过 3.3 万元的中等收入下限标准。西藏（26675 元）、贵州（25508 元）、甘肃（23273元）则为居民人均可支配收入较低的三个省区（见图 3-6）。

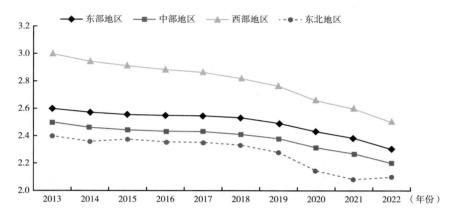

图3-5　2013~2022年我国不同地区的城乡居民人均可支配收入的比值变化

资料来源：国家统计局网站。

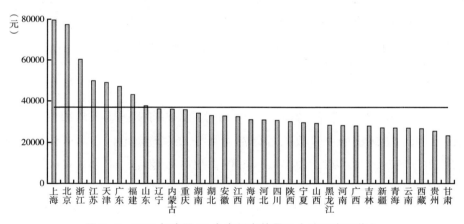

图3-6　2022年我国31个省区市的居民人均可支配收入

注：图中横线代表全国居民人均可支配收入。

资料来源：国家统计局网站。

居民人均可支配收入越高的省区市，中等收入群体一般占比越高。由此可以推断，东部沿海省区市的中等收入群体占比较高，西部省区市的中等收入群体占比则较低。同时，由于东部沿海省区市的人口基数较大，可以推断，我国中等收入群体主要分布在东部沿海省区市。

分省区市来看，2022年，全国城镇居民人均可支配收入为49283元。其中，上海（84034元）、北京（84023元）、浙江（71268元）、江苏（60178元）、广东（56905元）、福建（53817元）、天津（53003元）均超过全国平均水平。除上述省区市外，其他各省区市的城镇居民人均可支配收入都超过了 3.3 万元的中等收入下限标准。甘肃（37572 元）、吉林（35471 元）、黑龙江（35042 元）为城镇居民人均可支配收入较低的三个省（见图 3-7）。

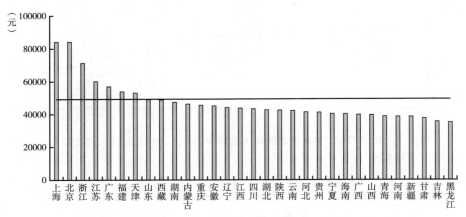

图 3-7　2022 年我国 31 个省区市的城镇居民人均可支配收入

注：图中横线代表全国城镇居民人均可支配收入。

资料来源：国家统计局网站。

由于 2022 年我国所有省区市的城镇居民人均可支配收入均超过 3.3 万元，因此各省区市的中等收入群体都主要分布在城镇地区。同时，人均可支配收入越高的省区市，中等收入群体占比一般越高，而这些省区市主要分布在东部沿海。

分省区市来看，2022 年，全国农村居民人均可支配收入为 20133 元。其中，上海（39729 元）、浙江（37565 元）、北京（34754 元）均超过 3.3 万元的中等收入下限标准。除上述省区市外，天津（29018 元）、江苏（28487 元）、福建（24987 元）、广东（23598 元）、山东（22110 元）超过全国平均水平。青海（14456 元）、贵州（13707 元）、甘肃（12165 元）则为农村居民人均可支配收入较低的三个省（见图 3-8）。

可以看出，只有像上海、浙江、北京这样的经济发达地区，农村居民人均可支配收入才可能超过 3.3 万元，这意味着这些地区的农村居民中存在一定比例的中等收入群体。而对于其他农村居民人均可支配收入未超过 3.3 万元的省区市，农村居民中的中等收入群体比例较低。2022 年我国 31 个省区市及全国的城镇与农村居民人均可支配收入见图 3-9。

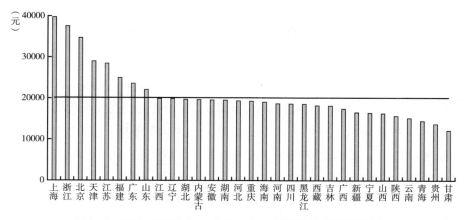

图 3-8　2022 年我国 31 个省区市的农村居民人均可支配收入

注：图中横线代表全国农村居民人均可支配收入。

资料来源：国家统计局网站。

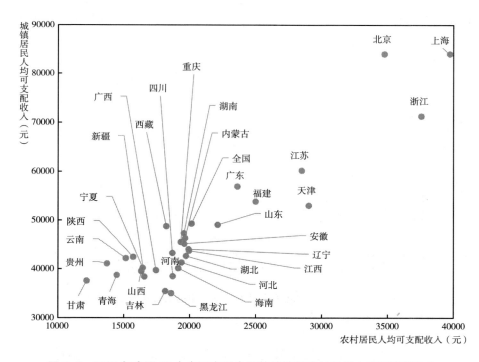

图 3-9　2022 年我国 31 个省区市及全国的城镇与农村居民人均可支配收入

资料来源：国家统计局网站。

三 五等分分组收入分布变化

2013~2023 年，按照全国家庭五等分分组，各组的人均可支配收入均呈现增长趋势，但增长幅度不一，低收入组、中间偏下收入组的年均增速相对较高。其中，低收入组的人均可支配收入从 4402 元增长至 9215 元，年均增速为 7.7%；高收入组的人均可支配收入从 47457 元增长至 95055 元，年均增速为 7.2%；另外，中间偏下收入组、中间收入组、中间偏上收入组的年均增速分别为 7.8%、7.4%、7.5%。

从中等收入群体的人均可支配收入标准（3.3 万~16.7 万元①）看，2023 年，低收入组、中间偏下收入组均未超过 3.3 万元的下限标准，中间收入组（32195 元）接近 3.3 万元（见图 3-10）。2017 年，中间偏上收入组的人均可支配收入达到 34547 元，超过 3.3 万元；高收入组的人均可支配收入则一直在 3.3 万元之上。可以看出，中间偏上收入组、高收入组中存在一定比例的中等收入群体。

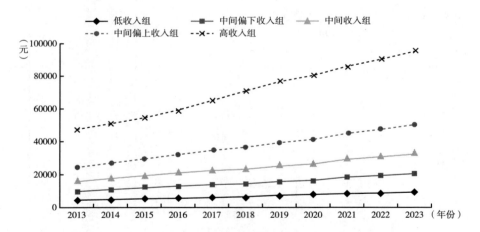

图 3-10　2013~2023 年我国居民五等分分组的人均可支配收入变化
资料来源：国家统计局网站。

2013~2023 年，按照城镇居民五等分分组，各组的人均可支配收入均呈现增长趋势，中间偏上收入组的年均增速最高。其中，低收入组的人均

---

① 实际上为 33333~166667 元。

可支配收入从 9896 元增长至 17478 元，年均增速为 5.9%；高收入组的人均可支配收入从 57762 元增长至 110639 元，年均增速为 6.7%；另外，中间偏下收入组、中间收入组、中间偏上收入组的年均增速分别为 6.2%、6.7%、7.2%。

从中等收入群体的人均可支配收入标准（3.3 万～16.7 万元）看，对于城镇居民，2013～2023 年，低收入组未超过 3.3 万元的下限标准；2023 年，中间偏下收入组（32202 元）的人均可支配收入接近 3.3 万元；中间收入组的人均可支配收入在 2017 年超过 3.3 万元；中间偏上收入组在 2014 年超过 3.3 万元；高收入组一直在 3.3 万元之上（见图 3-11）。除了低收入组外，在城镇，各个收入组均存在一定比例的中等收入群体。

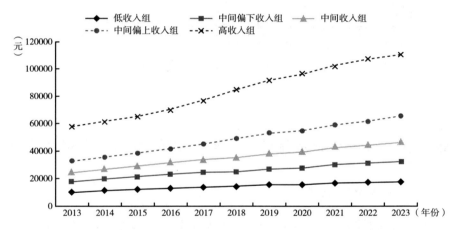

图 3-11　2013～2023 年我国城镇居民五等分分组的人均可支配收入变化
资料来源：国家统计局网站。

2013～2023 年，按照农村居民五等分分组，各组的人均可支配收入均呈现增长趋势，除低收入组外，其余各组的年均增速均超过 8%。其中，低收入组的人均可支配收入从 2878 元增长至 5264 元，增长了 2386 元，年均增速为 6.2%；高收入组的人均可支配收入从 21324 元增长至 50136 元，增长了 28812 元，年均增速为 8.9%；另外，中间偏下收入组、中间收入组、中间偏上收入组的年均增速分别为 8.0%、8.2%、8.2%。

从中等收入群体的人均可支配收入标准（3.3 万～16.7 万元）看，对于农村居民，2013～2023 年，低收入组、中间偏下收入组、中间收入组、中间

偏上收入组的人均可支配收入未超过 3.3 万元, 高收入组的人均可支配收入
在 2018 年超过 3.3 万元 (见图 3-12)。在农村, 高收入组中存在一定比例
的中等收入群体。

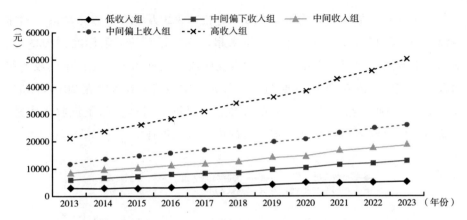

图 3-12　2013~2023 年我国农村居民五等分分组的人均可支配收入变化
资料来源: 国家统计局网站。

第三节　基于微观数据的中等收入群体占比及规模的变化

一　收入结构变化

中等收入群体占比, 即中等收入群体规模占全部人口规模的比重, 是
收入分配格局合理与否的重要标志。"橄榄型"收入分配格局被认为是相对
公平和稳定的收入分配格局, 其中, 中等收入群体占据主导地位。逐渐提
高低收入者收入水平, 不断扩大中等收入者比重, 推进我国居民的收入逐
渐形成"两头小、中间大"的"橄榄型"分配结构, 意味着更多的人能够
享受到经济发展的成果, 而不是仅仅集中在少数人手中。这不仅有助于形
成更为合理的收入分配格局, 还能够减少因贫富差距过大而产生的社会
矛盾。

从历史角度看, 那些成功实现了经济起飞并保持持续发展的国家和地
区, 往往拥有庞大的中等收入群体和相对合理的收入分配格局。因此, 扩
大中等收入群体不但意味着我国社会结构将由"金字塔型"向"橄榄型"

变化，也是共同富裕的直接体现，这有利于我国跨越"中等收入陷阱"，逐步迈入高收入国家行列。

基于 CFPS 的 2010 年、2012 年、2014 年、2016 年、2018 年、2020 年、2022 年调查数据，我国中等收入群体规模及占比呈现如下变化。

如图 3-13 所示，我国家庭年收入分布由"金字塔型"正在逐渐向"橄榄型"迈进，收入分配状况得到改善的表现十分明显。

2010 年，我国家庭年收入呈现明显的"小塔尖""大底座"的"金字塔型"分布结构，60.5% 的家庭年收入在 3 万元以内，29.9% 的家庭年收入为 3 万~7 万元，4.9% 的家庭年收入为 7 万~10 万元，大部分人群为低收入群体。

2012 年，我国家庭年收入的"金字塔型"分布结构弱化，底座变小，年收入在 3 万元以内的家庭占比降低为 51%，年收入为 3 万~7 万元的家庭占比增长为 32.8%，年收入为 7 万~10 万元的家庭占比增长为 8.6%。可以看出，低收入群体的收入增长较为快速，但大部分尚未超过 10 万元。

2014 年，我国家庭年收入的"金字塔型"分布结构进一步弱化。年收入在 3 万元以内的家庭占比降低为 39.9%，年收入为 3 万~7 万元的家庭占比增长为 36.4%，年收入为 7 万~10 万元的家庭占比增长为 11.8%。可以看出，低收入群体的收入进一步增长。

2016 年，年收入为 3 万~7 万元的家庭占比超过年收入在 3 万元以内的家庭占比，"金字塔型"分布结构的底座变高。年收入在 3 万元以内的家庭占比降低为 26.9%，年收入为 3 万~7 万元的家庭占比增长为 39.2%，年收入为 7 万~10 万元的家庭占比增长为 14.2%。

2018 年，我国家庭年收入分布结构出现"橄榄型"的雏形。年收入在 3 万元以内的家庭占比降低为 20.7%，年收入为 3 万~7 万元的家庭占比降低为 33.5%，年收入为 7 万~10 万元的家庭占比增长为 15.7%，这说明有较高比例的家庭随着年收入增长而成为中等收入家庭。

2020 年，年收入在 3 万元以内的家庭占比降低为 17.6%，年收入为 3 万~7 万元的家庭占比降低为 31%，年收入为 7 万~10 万元的家庭占比增长为 17%，这说明有较高比例的家庭随着年收入增长而成为中等收入家庭。

2022 年，相较于 2010 年，我国家庭年收入分布结构的底座变小、中间变粗，呈现由"金字塔型"逐渐向"橄榄型"变化的趋势：由"以低收入群体为主"变为"以低收入群体和中等收入群体为主"。年收入在 3 万元以内

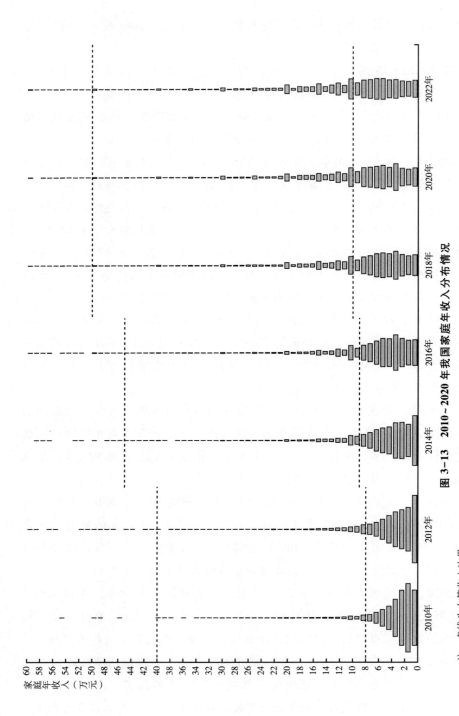

图 3-13　2010~2020 年我国家庭年收入分布情况

注：虚线为中等收入边界。

资料来源：CFPS。

的家庭占比降低为 16.3%，年收入为 3 万~7 万元的家庭占比降低为
26.7%，年收入为 7 万~10 万元的家庭占比降低为 16.7%，大量低收入群体
成为中等收入群体。

同时，家庭年收入分布结构不断优化，大部分家庭的年收入向 10 万元
左右靠拢，无论采用何种标准，2010~2022 年，中等收入群体占比提高和规
模扩大的基本结论不会改变。

二　中等收入群体占比及规模变化

2010~2022 年，我国中等收入群体规模不断扩大，占比不断提高，我国
中等收入家庭占比从 7.3% 提升至 38.6%，年均增长 2.6 个百分点，人口占
比从 7.9% 提升至 43.8%，年均增长 3 个百分点；人口规模从 1.1 亿人增长
至 6.2 亿人，年均增长 4250 万人。中等收入群体占比的提高主要源自低收
入群体向中等收入群体流动。

2010~2012 年，中等收入家庭占比从 7.3% 增长至 12.3%，增长了 5 个
百分点；人口占比从 7.9% 增长至 14.6%，增长了 6.7 个百分点；人口规模
从 1.1 亿人增长至 2.0 亿人，增长了 0.9 亿人。低收入家庭占比降低 5.3 个
百分点，人口占比降低了 6.9 个百分点，人口规模减小了 0.8 亿人。

2012~2014 年，中等收入家庭占比从 12.3% 增长至 14.4%，增长了 2.1
个百分点；人口占比从 14.6% 增长至 17.2%，增长了 2.6 个百分点；人口规
模从 2.0 亿人增长至 2.4 亿人，增长了 0.4 亿人。低收入家庭占比降低 1.9
个百分点，人口占比降低了 2.5 个百分点，人口规模减小了 0.1 亿人。

2014~2016 年，中等收入家庭占比从 14.4% 增长至 22%，增长了 7.6 个
百分点；人口占比从 17.2% 增长至 25.7%，增长了 8.5 个百分点；人口规模
从 2.4 亿人增长至 3.6 亿人，增长了 1.2 亿人。低收入家庭占比降低 8.6 个
百分点，人口占比降低了 9.7 个百分点，人口规模减小了 1.3 亿人。

2016~2018 年，中等收入家庭占比从 22% 增长至 29.1%，增长了 7.1 个
百分点；人口占比从 25.7% 增长至 32.9%，增长了 7.2 个百分点；人口规模
从 3.6 亿人增长至 4.6 亿人，增长了 1 亿人。低收入家庭占比降低 7.2 个百
分点，人口占比降低了 7.2 个百分点，人口规模减小了 0.9 亿人。

2018~2020 年，中等收入家庭占比从 29.1% 增长至 33.2%，增长了 4.1
个百分点；人口占比从 32.9% 增长至 37.7%，增长了 4.8 个百分点；人口规

模从 4.6 亿人增长至 5.3 亿人，增长了 0.7 亿人。低收入家庭占比降低 4.6 个百分点，人口占比降低了 5.6 个百分点，人口规模减小了 0.7 亿人。

2020~2022 年，中等收入家庭占比从 33.2% 增长至 38.6%，增长了 5.4 个百分点；人口占比从 37.7% 增长至 43.8%，增长了 6.1 个百分点；人口规模从 5.3 亿人增长至 6.2 亿人，增长了 0.9 亿人。低收入家庭占比降低 6 个百分点，人口占比降低了 6.8 个百分点，人口规模减小了 1 亿人。

进一步分析可见，虽然低收入群体占比下降但仍是主体人群。2010~2022 年，我国低收入家庭占比由 92.5% 降至 58.9%（见图 3-14），年均降低 2.8 个百分点；人口占比由 91.9% 降至 53.3%，年均降低 3.2 个百分点；人口规模由 12.3 亿人减少至 7.5 亿人（见图 3-15），平均每年减少 4000 万人。我国低收入群体占比的快速下降与我国脱贫攻坚战略的推进及取得脱贫攻坚战胜利有直接关系，现行标准下 9899 万农村贫困人口全部脱贫，绝对贫困得以消除。但不可否认，我国大部分人口仍为低收入群体，"橄榄型"社会结构尚未完全形成，相对贫困问题是未来社会结构调整及扩大中等收入群体需要解决的重要问题。

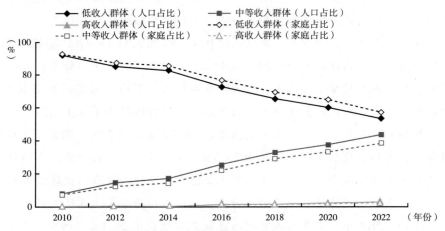

图 3-14　2010~2022 年不同收入群体占比变化情况（家庭收入标准）
资料来源：CFPS。

为方便对比，本节也使用家庭人均可支配收入标准进行测算。

2010~2012 年，中等收入家庭占比从 6.2% 增长至 9%，增长了 2.8 个百分点；人口占比从 4.7% 增长至 7.2%，增长了 2.5 个百分点；人口规模从 0.6 亿人增长至 1.0 亿人，增长了 0.4 亿人。低收入家庭占比降低 3 个百分点，人口占比降低了 2.7 个百分点，人口规模减小了 0.2 亿人。

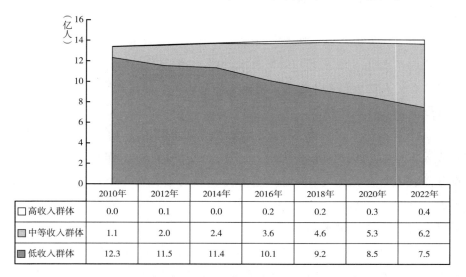

图 3-15　2010~2022 年不同收入群体规模变化情况 （家庭收入标准）
资料来源：CFPS。

	2010年	2012年	2014年	2016年	2018年	2020年	2022年
□高收入群体	0.0	0.1	0.0	0.2	0.2	0.3	0.4
▨中等收入群体	1.1	2.0	2.4	3.6	4.6	5.3	6.2
▰低收入群体	12.3	11.5	11.4	10.1	9.2	8.5	7.5

2012~2014 年，中等收入家庭占比从 9% 增长至 12.9%，增长了 3.9 个百分点；人口占比从 7.2% 增长至 9.5%，增长了 2.3 个百分点；人口规模从 1.0 亿人增长至 1.3 亿人，增长了 0.3 亿人。低收入家庭占比降低 3.7 个百分点，人口占比降低了 2.1 个百分点，人口规模减小了 0.2 亿人。

2014~2016 年，中等收入家庭占比从 12.9% 增长至 20.6%，增长了 7.7 个百分点；人口占比从 9.5% 增长至 15.7%，增长了 6.2 个百分点；人口规模从 1.3 亿人增长至 2.2 亿人，增长了 0.9 亿人。低收入家庭占比降低 8.8 个百分点，人口占比降低了 7 个百分点，人口规模减小了 0.8 亿人。

2016~2018 年，中等收入家庭占比从 20.6% 增长至 29%，增长了 8.4 个百分点；人口占比从 15.7% 增长至 22.9%，增长了 7.2 个百分点；人口规模从 2.2 亿人增长至 3.2 亿人，增长了 1 亿人。低收入家庭占比降低 8.7 个百分点，人口占比降低了 7.2 个百分点，人口规模减小了 0.9 亿人。

2018~2020 年，中等收入家庭占比从 29% 增长至 31.6%，增长了 2.6 个百分点；人口占比从 22.9% 增长至 25.4%，增长了 2.5 个百分点；

人口规模从 3.2 亿人增长至 3.6 亿人，增长了 0.4 亿人。低收入家庭占
比降低 3.2 个百分点，人口占比降低了 3 个百分点，人口规模减小了 0.4
亿人。

2020～2022 年，中等收入家庭占比从 31.6% 增长至 36.5%，增长了 4.9
个百分点；人口占比从 25.4% 增长至 30%，增长了 4.6 个百分点；人口规
模从 3.6 亿人增长至 4.2 亿人，增长了 0.6 亿人。低收入家庭占比降低 5.8
个百分点，人口占比降低了 5.1 个百分点，人口规模减小了 0.7 亿人。

总体来看，采用家庭人均可支配收入标准测算，2010～2022 年，中
等收入家庭占比从 6.2% 增长至 36.5%（见图 3-16），年均增长约 2.5 个
百分点；人口占比由 4.7% 增长至 30%，年均增长 2.1 个百分点；人口规
模由 0.6 亿人增长至 4.2 亿人（见图 3-17），平均每年增长 3000 万人。
可以发现，采用家庭收入标准得到的测算结果一般高于采用家庭人均可
支配收入标准。这是由于采用家庭人均可支配收入标准时，对于一部分
可支配收入超过 10 万元的家庭，抚养、赡养等因素可能导致家庭人均可
支配收入低于 3.3 万元，从而使这部分家庭不被认定为中等收入家庭，
而一部分单口之家、两口之家虽然收入较低，但是实际上，家庭成员享
有中等收入群体的生活水平，不过，在家庭收入标准下，其被认定为低
收入家庭。

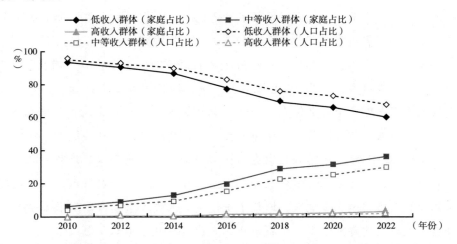

图 3-16　2010～2022 年不同收入群体占比变化情况（家庭人均可支配收入标准）

资料来源：CFPS。

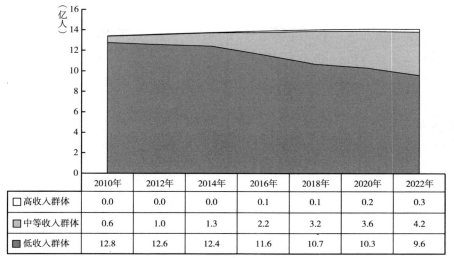

	2010年	2012年	2014年	2016年	2018年	2020年	2022年
□ 高收入群体	0.0	0.0	0.0	0.1	0.1	0.2	0.3
▨ 中等收入群体	0.6	1.0	1.3	2.2	3.2	3.6	4.2
▨ 低收入群体	12.8	12.6	12.4	11.6	10.7	10.3	9.6

图 3-17　2010~2022 年不同收入群体规模变化情况（家庭人均可支配收入标准）
资料来源：CFPS。

三　城乡及地区的中等收入群体占比变化

2022 年，我国城镇地区的中等收入群体的占比为 52.6%（见图 3-18），高于农村地区的 30.5%。城镇地区主要为中等收入群体，低收入群体占比为 43.6%，高收入群体占比为 3.8%。农村地区则主要为低收入群体，低收入群体占比高达 68.1%，高收入群体占比为 1.3%。

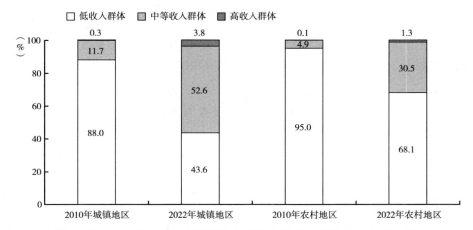

图 3-18　2010 年、2022 年不同收入群体的城乡分布情况（人口占比）
资料来源：CFPS。

2010~2022 年，我国城镇地区的中等收入家庭占比增长了 36.2 个百分点。城镇地区的中等收入家庭占比由 10.8% 增长至 47.0%（见图 3-19）。但低收入家庭占比由 88.9% 下降至 49.7%。

2010~2022 年，我国农村地区的中等收入家庭占比增长了 20.3 个百分点。农村地区的中等收入家庭占比由 3.9% 增长至 24.2%。但低收入家庭占比由 96% 下降至 74.9%。

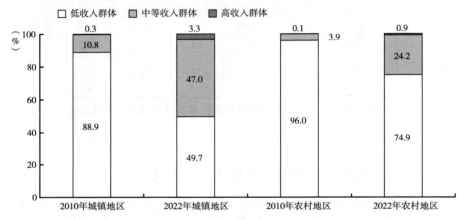

图 3-19　2010 年、2022 年不同收入群体的城乡分布情况（家庭占比）
资料来源：CFPS。

由此可知，2010~2022 年，城镇地区的中等收入群体的占比增长快于农村。同时，结合我国城镇地区常住人口多于农村地区常住人口，且城镇地区中等收入群体占比远高于农村地区，可推断出我国中等收入群体主要分布于城镇地区，低收入群体则主要分布在农村地区。

2022 年，我国东部地区的中等收入群体的占比最高，为 51.3%（见图 3-20）；中部地区次之，为 45.5%；西部地区和东北地区分别为 35.5% 和 35.9%。东部地区的低收入群体占比（43.8%）在四个地区中最低，高收入群体占比（4.8%）在四个地区中最高。中部地区的低收入群体占比要高于东部地区。西部地区和东北地区均以低收入群体为主，低收入群体占比分别为 62.4%、63.5%。

由图 3-20、图 3-21 可知，2010~2022 年，东部、中部、西部和东北地区的中等收入家庭占比分别增长了 28 个、26.9 个、23.2 个、22.2 个百分点，人口占比分别增长了 40.2 个、37 个、30.9 个、30.1 个百分点。

2010~2022 年，东部、中部、西部和东北地区的低收入家庭占比分别降低了 30.7 个、28.3 个、24.8 个、22.4 个百分点，人口占比分别降低了 44.8 个、38.8 个、32.8 个、30.4 个百分点。

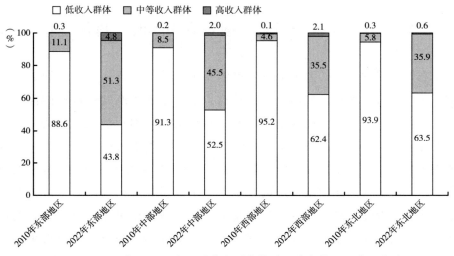

图 3-20　2010 年、2022 年不同收入群体的地区分布情况（人口占比）

资料来源：CFPS。

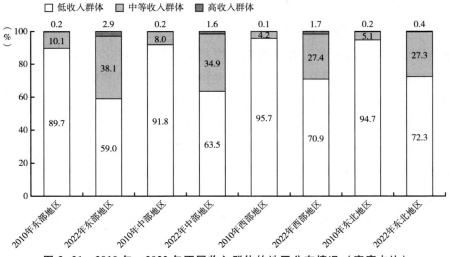

图 3-21　2010 年、2022 年不同收入群体的地区分布情况（家庭占比）

资料来源：CFPS。

由此可见，东部、中部地区的中等收入群体占比增长快于西部和东北地区，相应地，低收入群体占比的降低速度也要快于西部和东北地区。结合各地区常住人口规模来看，我国中等收入群体主要分布于东部地区，低收入群体则主要分布于西部地区。

第四节　从生活质量法视角看中等收入群体变化

有效制定和执行扩大中等收入群体相关政策必须建立在准确和透彻掌握中等收入群体现状的基础上，而准确识别和全面了解这一群体的前提是对其进行科学的界定。此前对中等收入群体的测度多以收入标准为主，对该群体所对应的生活品质较少全面体现，使"中等收入群体"作为一个政策概念而与"高质量发展""共同富裕"等具有丰富内涵的政策目标联系起来。本书在完善已有测度标准的基础上，①提供一套用生活质量法系统界定中等收入群体的具体标准，②利用公开微观数据库进行完整测算并展示该标准的可行性，③基于 ROC 分析将生活质量法的测度结果与已有主流标准进行对比和评析。①

一　测度方法

"生活质量"强调生活水平对人的生存与社会发展的意义，并借此对传统经济学仅把收入水平等客观要素作为衡量社会发展程度和国民生活水平指标的做法形成重要补充。② 本研究在测度方法上的核心思路为：基于 CFPS 家庭经济库，通过多项中等收入群体的生活质量标准确定满足条件的家庭，在剔除同样满足中等生活质量的高收入家庭之后，剩余的即为中等收入家庭。本研究选取的生活质量标准可概括为饮食、居住、出行、娱乐、保健（以下分别简称食、住、行、娱、健）五个维度，以反映较为丰富的生活质量内涵。其中，食、住不仅是各个家庭的必要生活需求，也需要达到一定水准；而行、娱、健所体现的生活质量则与家庭经济状况有较大关

① 孔涛，吴琼，陈少波. 我国中等收入群体的界定标准及测度研究——基于生活质量法 [J]. 经济学家，2023，（06）：54-65.
② 邢占军. 主观幸福感测量研究综述 [J]. 心理科学，2002，（03）：336-338+342.

系。基于上述考量，本研究将食、住方面的生活质量作为中等收入群体必须达到的生活质量，行、娱、健三个方面的生活质量则至少需要满足一项。具体测度方法如下。

1. 恩格尔系数小于40%或人均食品支出超过均值

恩格尔系数是指一个家庭中食品支出占总支出的比重，可反映家庭生活水平或质量。根据恩格尔定律，随着家庭收入水平的提高，总收入（或总支出）中用于购买食物的支出会下降。当平均食物消费水平足够高时，收入的增加便不再影响食品支出的变化。根据联合国粮农组织的划分标准，恩格尔系数为40%～50%时为小康水平，30%～40%为富裕水平。2023年，我国居民恩格尔系数为29.8%，① 且大部分居民的恩格尔系数已达到富裕水平。本研究选取恩格尔系数小于40%作为判断中等收入群体生活质量的一个标准，同时考虑到个别家庭在消费方面可能偏好于食品，尽管其恩格尔系数大于等于40%，但其较高的人均食品支出水平已体现其拥有中等生活质量，因此添加人均食品支出超过均值的并集条件。如表3-1所示，2022年有64.1%的家庭的恩格尔系数小于40%，有46.0%的家庭人均食品支出超过均值，94.1%的家庭满足本条件。2012～2022年，满足本条件的家庭占比由74.7%增长至94.1%，增长了19.4个百分点。

2. 人均住房建筑面积达到30平方米

住房作为一种特殊商品，既满足人们居住的刚性需求，也是高增值的财产，人均住房面积体现了生活空间的舒适度。我国以实现全体人民住有所居为目标，目前已建成了世界上最大的住房保障体系。2019年，我国城镇居民人均住房建筑面积达到39.8平方米，农村居民则达到48.9平方米。② 截至2023年底，我国城镇人均住房建筑面积超过40平方米。③ 通常而言，当经济发展水平较高时，人均住房建筑面积将保持基本稳定，居住水平改善目标由提高住房面积转为提升居住品质。但各界对于人均住房建筑面积

---

① 中华人民共和国2023年国民经济和社会发展统计公报［EB/OL］.（2024-02-29）. https：//www.gov.cn/lianbo/bumen/202402/content_6934935.htm.

② 人民日报人民要论：住房和城乡建设事业发展成就显著［EB/OL］.（2020-10-23）. http：//opinion.people.com.cn/n1/2020/1023/c1003-31902684.html.

③ 国新办举行"推动高质量发展"系列主题新闻发布会（住房和城乡建设部）图文实录［EB/OL］.（2024-08-23）. http：//www.scio.gov.cn/live/2024/34507/tw/.

达到舒适的标准，并未达成共识。2004 年，建设部政策研究中心课题组提出了 2020 年实现全面小康时应实现城镇人均住房建筑面积为 35 平方米、农村人均住房建筑面积为 40 平方米的目标。① 然而，2007 年，建设部科学技术司所颁布的《宜居城市科学评价标准》规定，城市人均住房建筑面积不得低于 26 平方米。② 宏观经济研究院经济和社会发展研究所课题组则认为中等收入者的人均居住面积应在 30 平方米以上。③ 近年来，税收方面的学者对房地产税免税面积的讨论也可提供一定参考。比如，《我国房地产税立法问题研究》课题组等认为可考虑把城镇居民人均免税面积设为 30 平方米；④ CHFS 在 2017 年、2019 年问卷中假定房地产税免税面积为 30 平方米进行相关调查。⑤ 实践中，上海试行的房产税人均免税面积为 60 平方米。⑥ 综上所述，本研究将中等收入群体的人均住房建筑面积设为达到 30 平方米。如表 3-1 所示，2012~2022 年，人均住房建筑面积达到 30 平方米的家庭占比由 59.4% 增长至 65.4%，增长了 6 个百分点。

3. 拥有汽车或人均交通支出超过均值

汽车是一个家庭的耐用消费品和动产，也可作为生产工具。汽车通过缩短通行时间满足了家庭在工作、学习、出游时的代步需求和小宗物资的运输需求，明显改善了生活质量，同时在一定程度上满足了部分人以汽车代表财富和地位的心理需求。当然，相对于食品和住房，汽车持有的必要性较弱。但随着家庭经济水平的提高，我国私人汽车保有量不断增加，2023 年，私人汽车保有量达到 29427 万辆，私人轿车保有量达到 17541 万辆。⑦ 同时，考虑到部分家庭因人口较少或缺乏驾驶技能等并无持有汽车的刚性

---

① 建设部政策研究中心课题组 . 2020：我们住什么样的房子——中国全面小康社会的居住目标研究 [J]. 建设科技，2004，(23)：41-43.

② "宜居城市科学评价指标体系研究" 项目组 . 宜居城市科学评价标准 [S]. 北京：中华人民共和国建设部科学技术司，2007：17.

③ 宏观经济研究院经济和社会发展研究所课题组 . 中等收入者的概念和划分标准 [J]. 宏观经济研究，2004，(05)：53-55.

④ 《我国房地产税立法问题研究》课题组，王朝才，张学诞 . 我国房地产税立法问题研究 [J]. 财政科学，2016，(06)：54-64.

⑤ 中国家庭金融调查与研究中心 . 2019 中国家庭金融调查家庭问卷 [R]. 2019：84.

⑥ 市政府关于印发《上海市开展对部分个人住房征收房产税试点的暂行办法》的通知 [EB/OL]. (2011-01-27). https：//www. shanghai. gov. cn/nw12344/20200814/0001-12344_24523. html.

⑦ 中华人民共和国 2021 年国民经济和社会发展统计公报 [EB/OL]. (2022-02-28). http：// www. gov. cn/xinwen/2022-02/28/content_5676015. htm.

需求，但其出行以打车为主，交通支出已超过平均水平，达到中等生活质量，因此加入人均交通支出超过均值的并集条件。如表 3-1 所示，2022 年有 56.4% 的家庭拥有汽车，38.3% 的家庭人均交通支出超过均值，65.2% 的家庭满足本条件。2012~2022 年，满足本条件的家庭占比由 31.3% 增长至 65.2%，增长了 33.9 个百分点。

4. 有文化娱乐或旅游支出

文化娱乐及旅游支出体现闲暇消费的能力。相较于食品、住房、交通支出，文化娱乐及旅游支出与收入水平变化的相关性更大，即弹性更高。此外，文化娱乐项目与偏好相关且异质性较大，文化娱乐支出并不能完全反映生活质量。比如，跳广场舞、参加社区合唱团等文化娱乐项目并不需要较高的成本，但如在 KTV 唱歌、观看各类剧场表演等活动的成本则相对较高。旅游支出也类似，近郊旅游、跨省市（县）旅游、出国旅游的消费水平完全不相同，旅游支出的水平不能完全表征生活质量。基于此，本研究选择定性标准，将有文化娱乐或旅游支出认定为有文化娱乐旅游项目并达到中等生活质量。如表 3-1 所示，2012~2022 年，有文化娱乐或旅游支出的家庭占比由 27.2% 增长至 63.8%，增长了 36.6 个百分点。

5. 保健美容支出占比超过平均占比或人均保健美容支出超过均值

统计上一般将健康支出中的医疗支出和保健支出合并为"医疗保健支出"，但实际上二者的性质不同。医疗支出属于居民遭遇疾病时的被动消费，而保健支出（包括健康锻炼及购买健身器械、保健品等）则是居民提升内在健康程度、预防疾病的主动消费，更能体现生活质量。美容支出（包括购买化妆品与进行美容护理、按摩等）则是美化外在容貌和形象的主动支出，其可通过改善外在形象提升人的自信心，改变人的生活态度，提升人的生活质量。同时，其一般具有保健功能，因此，本研究将保健与美容支出统一考虑，满足"保健美容支出占比超过平均占比"或"人均保健美容支出超过均值"即可视为达到中等生活质量。如表 3-1 所示，2022 年有 33.4% 的家庭的保健美容支出占比超过平均占比，有 26.4% 的家庭的人均保健美容支出超过均值，38.4% 的家庭满足本条件。2012~2022 年，满足本条件的家庭占比由 18.3% 增长至 38.4%，增长了 20.1 个百分点。

根据测算，2012~2022 年，满足中等收入的食、住条件的家庭占比由

39.5%增长至 49.9%，增长了 10.4 个百分点，满足行、娱、健条件的家庭占比的增长更为明显。2022 年，37.6%的家庭在满足食、住条件的基础上，行、娱、健三项至少满足一项，25.2%的家庭至少满足两项，10.9%的家庭可以满足全部的中等生活质量标准。鉴于不同家庭提升生活质量的方式并不趋同，过于严苛的限定条件不能准确、全面地测度中等收入群体。同时，考虑到通过较多的样本能够更准确地分析中等收入群体的特征，进行相关研究，本章后续分析会把在满足食、住条件基础上，行、娱、健三项中至少满足一项的情况作为中等收入群体的生活质量标准。

表 3-1 2012 年、2022 年满足中等生活质量条件的样本家庭占比

单位：%

序号	标准	2012 年			2022 年		
1	恩格尔系数小于 40%	43.4	74.7	39.5	64.1	94.1	49.9
	人均食品支出超过均值	40.8			46.0		
2	人均住房建筑面积达到 30 平方米	59.4			65.4		
3	拥有汽车	15.1	31.3		56.4	65.2	
	人均交通支出超过均值	26.3			38.3		
4	有文化娱乐或旅游支出	27.2			63.8		
5	保健美容支出占比超过平均占比	8.3	18.3		33.4	38.4	
	人均保健美容支出超过均值	16.7			26.4		

二　测度结果

由于多数高收入群体也达到本研究设定的中等生活质量标准，因此在具体测度时将达到中等生活质量且人均收入较高的家庭视为高收入家庭。[①]最终对中等收入群体的测算结果如下。

如图 3-22 所示，2012~2022 年，我国中等收入家庭占比由 17.4%上

---

① 2019 年 1 月，时任国家统计局局长宁吉喆在 2018 年国民经济运行情况记者会上表示以典型的三口之家年收入为 10 万~50 万元计算，2017 年，我国中等收入群体超过 4 亿人。梳理资料可以发现，国家统计局的中等收入标准在 2010 年为家庭可支配收入为 8 万~40 万元，2015 年为 9 万~45 万元。基于此，本章在测度时将 2018 年三口之家年收入为 10 万~50 万元视作标准，2014 年、2016 年这一标准为 9 万~45 万元，2012 年为 8 万~40 万元。

升到 31.1%，其中，2012～2018 年增长较快，平均每年增长约 2.3 个百分点，2018～2022 年基本保持在 32% 左右；人口数量由约 1.96 亿人增长至约 3.70 亿人，平均每年增长约 1742 万人。由于高收入群体占比较低，中等收入群体扩大主要源自低收入群体向中等收入群体流动。当使用国家统计局的三口之家年收入为 10 万～50 万元（即人均可支配收入为 33333～166667 元）测算时，2022 年，中等收入家庭占比为 35.8%，人口约为 4.16 亿人，高于生活质量法的测算结果，与国家统计局公布的 2018 年 4 亿多中等收入群体相差相对较小。实际上，由于 CFPS 对收入的统计口径相对狭窄，其可能略微低估了中等收入群体的规模。比如，CFPS 中的财产性收入仅包括家庭通过投资与出租土地、房屋、生产资料等获得的收入，未将自有住房折算的净租金纳入；而且，在微观调查中，住户普遍习惯于低报收入。

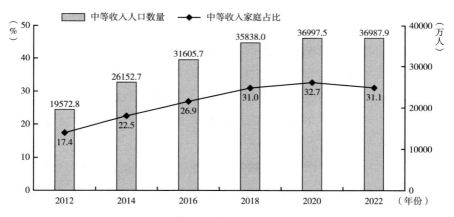

图 3-22　2012～2022 年基于生活质量法的中等收入群体变化情况

资料来源：CFPS。

第五节　生活质量法与收入标准法的对比

一　测度标准比较的理论分析

收入与生活质量具有很强的相关性。收入作为生活质量的重要基础，会显著影响人们的可感生活质量。[①] 在经济增长过程中，收入增长与生活质量的改善基本同步进行，收入增长意味着生活保障能力提升，进而引起消费目标由"满足生活必需"向"追求生活品质"转变，生活质量随之改善。但现实生活中，二者之间又有差别，收入差距未必能真实反映生活水平间的差异。收入低并不代表生活水平差，比如一些收入不高的大学生选择提前消费、超额消费，追求不符合实际收入状况的生活质量，又如一些已经积累了一定财富但暂时经营收入表现不佳的经营者的生活质量仍较为优渥；而收入高也未必对应高品质生活，如在生活成本较高的一线城市，即便是月入过万元的白领也可能面对超过 1 小时的通勤时间和人均仅 10 余平方米的居住面积。显然，收入水平与生活质量经常不完全对应，因此单独依赖收入数据在很多时候并不能真实反映生活质量和生活水平。

尽管生活质量的改善与收入的增长都是同样重要的问题，但生活质量法与收入标准法的测度逻辑有较大的不同。收入标准法仅以收入这一维度测度中等收入群体，测度直接、简便、适用性强，符合中等收入群体的基本定义。而生活质量法则需要可以反映生活质量的多维指标，更注重中等收入群体由收入增长引致的生活水平提升，测度相对复杂且间接，其标准的推广必须由高质量的微观数据作为支撑。生活质量法弥补了生活成本差异不能反映中等收入群体具体情况的缺陷，避免了因不同地区生活成本差异造成的结果异常。

此外，相比收入，消费通常具有平滑性。根据弗里德曼在 1956 年提出的持久收入假说，家庭会通过在收入正常时期的储蓄来平滑在经济受到冲击时期的消费。现实中，不同家庭平滑消费的能力的差异可能很大，城市家庭、无失业成员家庭基本可以平滑全部的消费，[②] 但陈玉宇和行伟波的研究则发现，无论富有家庭还是贫困家庭在面临外生的收入冲击时都不能很好地平滑家庭消费。[③] 总体来看，基于消费平滑理论，生活质量法反映的

---

① 宣长春，陈瑞．社交媒体使用对积极生活状态的影响：倒 U 型关系与年龄的调节效应 [J]．国际新闻界，2022，(03)：94-114.

② 孟昕，黄少卿．中国城市的失业、消费平滑和预防性储蓄 [J]．经济社会体制比较，2001，(06)：40-50.

③ 陈玉宇，行伟波．消费平滑、风险分担与完全保险——基于城镇家庭收支调查的实证研究 [J]．经济学（季刊），2007，(A01)：253-272.

食、住标准及在行、娱、健方面主要以消费评价的生活习惯相对于收入的变化幅度更低，因此使用生活质量法测度的中等收入群体较为稳定，其不会因收入的变化而在中等收入群体和低收入群体之间频繁流动。相比而言，收入的波动十分常见，尤其是对于处于中等收入下限边缘的人群，其收入状况受经济影响较为明显：经济繁荣时，其收入明显上升；经济衰退时，其可能面临收入下降甚至失业的风险。

另外一个显著影响中等收入群体占比的因素是收入的上限和下限标准。扩大中等收入群体是为了实现社会结构从"金字塔型"向"橄榄型"转变。2012~2022年，我国居民收入分布的"金字塔型"结构有所弱化，这意味着低收入群体的收窄和中等收入群体的扩大，但整个社会仍以低收入群体为主，中等收入群体占比相对较低。"金字塔型"的收入分布结构意味着使用收入标准测度中等收入群体时，中等收入下限附近存在大量潜在的中等收入群体。这些群体对收入下限非常敏感，下限越低，中等收入群体占比越高。同时，中等收入的上限水平会影响中等收入群体占比，但我国现有高收入群体较少，对中等收入群体占比的影响相对较小。

此外，从图3-23也可看出，中等生活质量群体的收入分布较为广泛，并非仅聚集在中等收入区间，在低收入、高收入区间也有分布，且在低收入区间分布较多。这说明中等收入与中等生活质量并非完全重合，一些收入较低的家庭仍然具有中等生活质量。但随着收入分布状况的改善，中等收入群体的分布曲线与中等生活质量群体的分布曲线的差距缩小，逐渐靠拢。很多收入低但具有中等生活质量的人群的收入逐渐增长，其在具有中等生活质量的同时成为中等收入群体。

二　ROC 曲线分析

本研究利用ROC曲线（Receiver Operating Characteristic Curve，接受者操作特性曲线）做进一步对比讨论。ROC曲线分析方法主要用于预测准确率情况，最开始被用于军事领域（如通过减少飞鸟信号对敌机信号的干扰，增强预报准确性），后被广泛用于医学研究，可判断某种因素对于某种疾病的诊断是否有价值，后来，机器学习领域也开始广泛使用。如图3-24所示，ROC曲线可反映敏感性与特异性之间的关系，其横坐标为"1-特异度"，也称假阳率（False Positive Rate，FPR）或误报率，是指阴性人群中

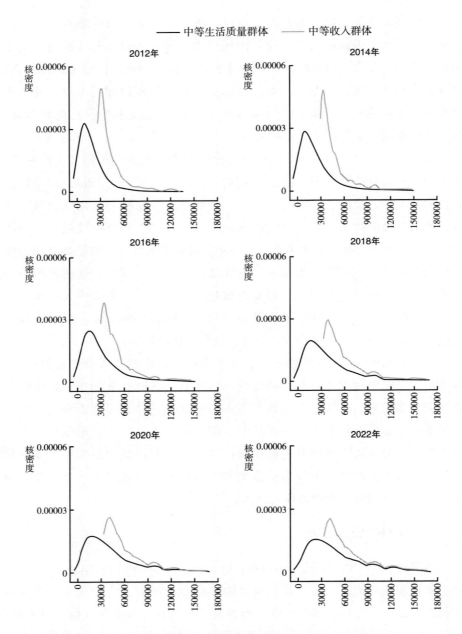

图 3-23　2012~2022 年我国中等生活质量群体和中等收入群体的收入分布

注：核函数为 Epanechnikov，带宽设置为 5000。

检测为阳性的概率,横坐标越接近于 0,准确率越高;纵坐标为敏感度,也
称真阳率(True Positive Rate,TPR),指阳性人群中检测为阳性的概率,纵
坐标越接近于 1,准确率越高。ROC 曲线必定起于(0,0),止于(1,1),
并将 1×1 的图划分为两部分,曲线下方的面积(Area Under Curve,AUC)可
表示预测的准确性,曲线越接近左上角(假阳率越接近于 0,真阳率越接近
于 1),AUC 值越高,即曲线下方面积越大,就说明预测的准确率越高。由
表 3-2 的二分类混淆矩阵(也称误差矩阵)可知:TP + FN = P,FP + TN = N。
其中横坐标(1- 特异度)的计算公式为:FPR = 1-TN/(FP + TN)= FP/N。
纵坐标(敏感度)的计算公式为:TPR = TP/P。

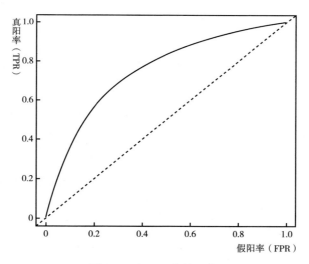

图 3-24 ROC 曲线示意

表 3-2 二分类混淆矩阵

		预测值		计数
		阳(P)	阴(N)	
实际值	阳(P)	真阳(TP)	假阴(FN)	P
	阴(N)	假阳(FP)	真阴(TN)	N

本研究分别把生活质量法和另外三种主流方法作为基准进行对比。首先,
把生活质量法作为金标准,使用 ROC 曲线分析方法对比不同的中等收入标准

对中等生活质量的预测准确度，其中，真阳率指满足中等生活质量的群体中达到中等收入标准的比例，假阳率指不满足中等生活质量的群体中达到中等收入标准的比例。在生活质量法与收入标准法的对比中，本研究选取了三个收入标准，即（1）国家统计局提出的三口之家年收入为 10 万~50 万元;[①]（2）杨修娜等提出的人均年收入中位数的 67%~200%;[②]（3）李春玲提出的人均日收入为 10~100 美元，以分析中等收入标准对中等生活质量预测的准确率。[③] 如表 3-3 所示，AUC（1）>AUC（3）>AUC（2），但无论哪种测度标准，AUC 值均未超过 0.7，这说明两种测度方法的本质不同：使用标准（1）测度时，敏感度较低但特异度较高；使用标准（2）测度时，敏感度和特异度均较低；使用标准（3）测度时，敏感度较高但特异度相对较低。结合 AUC 值看，标准（1）、标准（3）明显比标准（2）与中等生活质量的匹配度更高，但尚不能认定标准（1）、标准（3）与生活质量法采用的标准更为接近，这两个标准的收入区间均较为宽泛，更容易将中等生活质量群体纳入其中。

为进行更充分的比较，本研究再把上述收入标准（1）、标准（2）、标准（3）分别作为金标准，使用 ROC 曲线分析方法对比中等生活质量对中等收入标准的预测准确度，其中，真阳率指满足中等收入标准的群体中达到中等生活质量的比例，假阳率指未达到中等收入标准的群体中满足中等生活质量的比例，测算结果如表 3-3 所示。可以看出，当用中等生活质量预测中等收入标准时，AUC（1）>AUC（3）>AUC（2），但实际上标准（1）对应的收入区间（33333~166667 元）要小于标准（3）对应的收入区间。综上所述，本研究认为标准（1）与生活质量法的测度最为接近。收入标准法与生活质量法不存在绝对的优劣，而取决于主要的研究目的、已有数据的质量等。不同的测度工具解决不同的问题，当数据维度相对单一或主要研究目的为测度中等收入群体规模及占比时，可以三口之家年收入为

① 国家统计局局长就 2018 年国民经济运行情况答记者问［EB/OL］.（2019-01-21）. https：//www. stats. gov. cn/sj/sjjd/202302/t20230202_ 1896129. html.
② 杨修娜，万海远，李实. 我国中等收入群体比重及其特征［J］. 北京工商大学学报（社会科学版），2018，（06）：10-22.
③ 李春玲. 中等收入群体的构成特征与新时代"精准扩中"策略［J］. 统一战线学研究，2018，（01）：27-32.

10 万～50 万元（即人均可支配收入为 33333～166667 元）① 测度，其与生活质量法的测度结果更为接近；若微观数据维度相对多元或在研究上侧重于分析中等收入群体更深层次的特征、流动性等，则可尝试采用微观基础更为扎实的生活质量法测度。

表 3-3　以不同测度方法为金标准的 ROC 分析指标

（基于 2022 年的 CFPS 中的数据，N = 9013）

金标准	收入标准	敏感度（%）	特异度（%）	AUC	标准误
以生活质量法为金标准	（1）三口之家年收入为 10 万～50 万元	57.24	75.69	0.6647	0.0055
	（2）人均年收入中位数的 67%～200%	49.56	63.91	0.5673	0.0057
	（3）人均日收入为 10～100 美元	70.36	61.01	0.6569	0.0054
以不同收入标准为金标准	（1）三口之家年收入为 10 万～50 万元	50.26	80.49	0.6538	0.0052
	（2）人均年收入中位数的 67%～200%	37.07	74.70	0.5589	0.0050
	（3）人均日收入为 10～100 美元	43.64	82.75	0.6320	0.0047

注：在具体测算中，2018 年三口之家年收入为 10 万～50 万元相当于人均可支配收入为 33333～166667 元，人均年收入中位数的 67%～200% 相当于人均可支配收入为 20913～62740 元，人均日收入为 10～100 美元相当于人均可支配收入为 24550～245503 元。

三　生活质量法的参考意义

本节从中等收入群体概念中的生活质量出发，通过反映生活质量（食、住、行、娱、健）的五个指标定义中等收入家庭，有效避免了界定中等收入群体时只关注收入而忽略生活质量的弊端。这些有关生活质量的指标考虑到了家庭的资产情况（如住房条件、汽车拥有情况）、支出结构（如恩格尔系数）、生活品质（如文娱旅游、保健美容）等。同时，以相对标准为主

---

① 国家统计局在测度中等收入群体时对"三口之家"的假定显然是为了进行普及化的说明，中等收入家庭并非仅限于"三口之家"，但由于相关部门并未公布具体的标准，单纯将家庭年收入为 10 万～50 万元作为标准忽略了家庭规模的影响，因此本研究认为家庭人均可支配收入为 33333～166667 元的标准的可操作性更强，准确度更高。

的生活质量指标，较少受到地区收入或支出水平差异的影响。因此，使用生活质量标准识别中等收入群体具有重要的参考意义。

本方法在微观数据支持下具有一定的推广性，为学者或政策制定者在重视收入增长之外更多地关注民众生活质量提供了基本方法，这使其可对中等收入群体进行深入的研究，更好地回答政策方面的问题。同时，如果研究目的仅为测度中等收入群体的规模，那么直接使用国家统计局的标准得到的测算结果与采用生活质量法得到的测算结果基本接近。

长远来看，实现共同富裕不仅是经济维度上的收入增长、收入分配公平，也是社会意义上的人民生活质量提升。生活质量的提升一方面源于个人自身收入增长带来的生活质量改善，另一方面来自整体生活环境或公共物品提供质量的改善。个人收入增长能力主要依赖自身人力资本的积累程度，因此持续保持身体健康、不断通过接受教育提升专业技能对于扩大中等收入群体至关重要。当然，人力资本积累的个体差异主要源于个人投资的差异，但社会整体人力资本水平的提高依赖公共投资，这种投资会长期对整个社会发展产生正外部性作用。整体生活环境或公共物品提供质量的改善则主要依赖政府，政府应通过合理筹集财政收入，优化财政支出结构，完善欠发达地区和农村的基础设施和基本公共服务，从公共支出层面改善人民生活水平。同时，应有效推动经济结构、产业结构、行业结构、职业结构调整与优化，以完善初次分配、再分配、第三次分配制度为直接手段，调动中等收入群体的劳动积极性，巩固和提升其收入水平，并带动越来越多的低收入群体进入中等收入群体，以享受中等水平的生活，实现共同富裕的战略目标。

第四章　中等收入群体画像

　　现有关于中等收入群体的研究多基于单一视角、聚焦某一方面，系统性和深度不足。本章利用具有代表性的微观调查数据，对我国中等收入群体的特征进行全方位的系统刻画。其中，社会特征主要包括家庭规模、年龄、户口及常住地、老年抚养比四个方面，人力资本特征主要包括健康与教育两个方面，就业特征主要包括受雇单位、从事行业两个方面，经济特征主要包括收入、消费、资产和债务四个方面。此外，本章还分析了中等收入群体的数字金融服务使用情况。

第一节　文献综述

　　对于中等收入群体的基本特征，现有文献多从扩大中等收入群体的视角，分析中等收入群体区别于低收入群体和高收入群体的主要特征，以形成对中等收入群体的基本认识。中等收入群体主要分布在城镇地区，存在明显的城乡二元分割情况①，且主要分布在东部沿海等经济发达地区②。

　　在社会特征方面，家庭规模较大的中等收入群体更容易发生"滑落"③，家庭规模较小的中等收入群体则相对稳定④。中等收入群体的平均

---

① 杨宜勇，顾严，万海远．扩大中等收入群体 全面建成小康社会［J］．宏观经济管理，2016，（09）：11-14.
② 刘世锦，王子豪，姜淑佳，赵建翔．实现中等收入群体倍增的潜力、时间与路径研究［J］．管理世界，2022，（08）：54-67.
③ 刘渝琳，司绪，宋琳璇．中等收入群体的持续期与退出风险估计——基于 EM 算法的收入群体划分［J］．统计研究，2021，（05）：121-135.
④ 蔡宏波，郑涵茜．中等收入群体"滑落"的特征、影响因素与防范路径［J］．人口与经济，2023，（05）：57-70.

年龄为 41 岁①，这表明随着年龄增长，家庭成员积累了工作经验和社会资源，更有可能实现收入增长②。从家庭结构看，相较于中等收入群体，潜在中等收入群体的家庭结构暴露出抚养负担过重、劳动年龄人口和就业人口比例低等问题③。中等收入群体普遍具有较高的受教育水平，人力资本水平较高④，且学历越高，越容易成为中等收入群体⑤。

在就业特征上，中等收入群体就业主要集中在技术和知识密集型行业，其中，金融、教育、公共管理等行业的中等收入群体所占比重更高，而对于批发和零售业、制造业等就业容量大的行业，中等收入群体的绝对规模更大，但占本行业就业人员的比重相对较低⑥。但中等收入群体中的很大一部分是中等技能劳动者，工作替代和就业极化将冲击中等收入群体的基础⑦。

在经济特征上，目前，我国中等收入群体人均收入水平较低，大部分聚集在中等收入门槛下限，向下滑落风险较高⑧。但相较于低收入群体而言，中等收入群体就业相对稳定、生活比较宽裕，因此消费能力较强、边际消费倾向较高，对住房汽车、文化体育、休闲旅游、医疗康养、教育培训等中高端商品和服务消费有更多需求⑨，是社会消费增长的主要动力⑩。

---

① 何昀，过天姿. 我国中等收入群体消费的影响因素实证研究——基于 CHFS2015 数据 [J]. 商学研究，2019，（04）：119-128.
② 刘渝琳，司绪，宋琳璇. 中等收入群体的持续期与退出风险估计——基于 EM 算法的收入群体划分 [J]. 统计研究，2021，（05）：121-135.
③ 刘世锦，王子豪，姜淑佳，赵建翔. 实现中等收入群体倍增的潜力、时间与路径研究 [J]. 管理世界，2022，（08）：54-67.
④ 李逸飞. 面向共同富裕的我国中等收入群体提质扩容探究 [J]. 改革，2021，（12）：16-29.
⑤ 王一鸣. 扩大中等收入群体是构建新发展格局的重要途径 [J]. 金融论坛，2020，（12）：3-8+58.
⑥ 王一鸣. 扩大中等收入群体是构建新发展格局的重要途径 [J]. 金融论坛，2020，（12）：3-8+58.
⑦ 赖德胜. 在高质量发展中促进共同富裕 [J]. 北京工商大学学报（社会科学版），2021，（06）：10-16.
⑧ 王一鸣. 中国式现代化的发展进程和走向未来的目标任务 [J]. 全球化，2023，（02）：5-16+134. 朱兰，万广华. 中等收入群体"扩容提质"：现状、挑战与对策 [J]. 兰州大学学报（社会科学版），2023，（01）：41-53.
⑨ 王一鸣. 百年大变局、高质量发展与构建新发展格局 [J]. 管理世界，2020，（12）：1-13.
⑩ 陈昌盛，许伟，兰宗敏，江宇. "十四五"时期我国发展内部环境研究 [J]. 管理世界，2020，（10）：1-14+15+40.

在资产方面，中等收入群体侧重于对住房资产的配置[①]，接着为金融资产、耐用消费品和生产性固定资产[②]。

第二节　社会特征

本节从家庭规模、年龄、户口及常住地、老年抚养比分析不同收入群体的社会特征。

一　家庭规模特征

由于本书对中等收入群体的界定基于家庭收入标准，家庭人口越多，参与劳动的人数越多，家庭收入越高。从家庭规模情况可以看出，2022年，我国40.2%的家庭为4人及以上，21.8%的家庭为三口之家，22.6%为两口之家，15.4%为单口之家。其中，中等收入群体有51.0%的家庭人口规模为4人及以上，25.2%的家庭人口规模为3人。但低收入群体仅有32.7%的家庭人口规模为4人及以上，19.8%的家庭人口规模为3人。高收入群体中的4人及以上家庭占比为51.9%（见图4-1）。

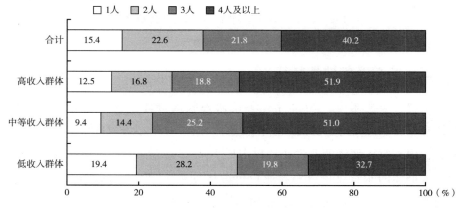

图4-1　2022年我国不同收入群体的家庭规模情况

资料来源：CFPS，下同。

---

① 孙豪，毛中根，王泽昊. 消费降级：假象及其警示 [J]. 经济与管理，2020，（03）：19-26.

② 李逸飞，王盈斐. 迈向共同富裕视角下中国中等收入群体收入结构研究 [J]. 金融经济学研究，2022，（01）：88-100.

二 年龄特征

按照收入群体划分，2022 年，我国适龄劳动人口（15~59 岁）的占比为 68.4%，老龄人口（60 岁及以上）的占比为 25.0%。其中，中等收入群体 15~29 岁、30~44 岁、45~59 岁、60 岁及以上的占比分别为 18.8%、27.7%、29.5%、16.9%，低收入群体 15~29 岁、30~44 岁、45~59 岁、60 岁及以上的占比分别为 17.3%、16.5%、28.7%、31.3%（见图 4-2）。

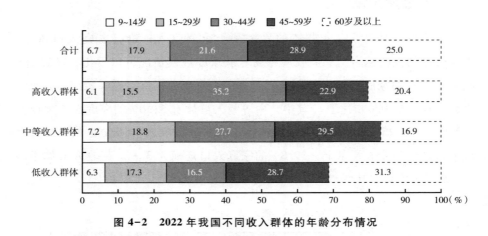

图 4-2　2022 年我国不同收入群体的年龄分布情况

三 户口及常住地特征

从户口类型来看，2022 年，不论何种收入群体，均以农业户口为主。总体来看，80.5% 的受访人口拥有农业户口，19.5% 为非农业户口。分群体来看，中等收入群体的非农业户口占比为 26.8%，农业户口占比为 73.3%；低收入群体的非农业户口和农业户口占比分别 13.7% 和 86.3%；高收入群体的非农业户口占比更高，达到 44.4%（见图 4-3）。

从常住地来看，2022 年，59.2% 的受访人口居住在城镇，40.8% 居住在农村。其中，中等收入群体常住在城镇的占比为 71.3%，低收入群体常住在城镇的占比为 49.1%，高收入群体常住在城镇的占比则高达 83.7%（见图 4-4）。

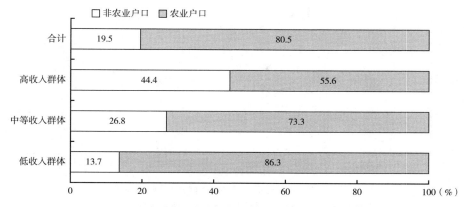

图 4-3　2022 年我国不同收入群体的户口分布情况

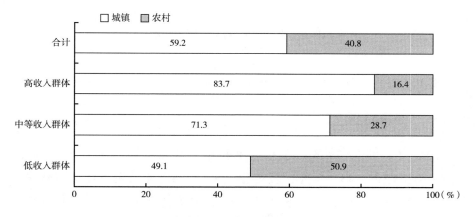

图 4-4　2022 年我国不同收入群体的常住地分布情况

四　老年抚养比特征

就各收入家庭内部的人口学特征而言，我国中等收入家庭的平均老年抚养比低于低收入家庭和高收入家庭。2022 年，我国中等收入家庭老年抚养比为 16.3%（见图 4-5），即平均每个中等收入家庭中有 16.3% 的人口为老年抚养人口。低收入家庭的老年抚养比为 35.6%，明显高于中等收入家庭。

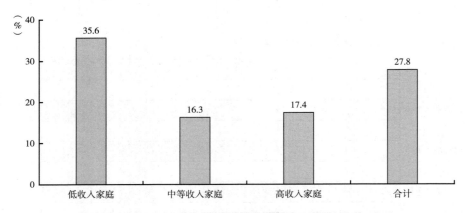

图 4-5　2022 年我国不同收入家庭的老年抚养比情况

注：老年抚养比指一个家庭中 60 岁及以上的人口数之和占家庭人口数的比重。

第三节　人力资本特征

本节从健康、教育两个方面分析不同收入群体的人力资本特征。

一　健康特征

2022 年，我国 77.4% 的人身体健康，其中，17.5% 为非常健康，16.8% 为很健康，43.1% 为比较健康，另外，8.1% 的人身体健康状况一般，14.5% 的人不健康。从各收入群体的健康情况来看，我国超八成中等收入群体身体健康。2022 年，我国 83.8% 的中等收入群体身体健康，其中，17.3% 非常健康，18.2% 很健康，48.3% 比较健康。但低收入群体仅有 72.2% 身体健康，9.8% 健康状况一般，18% 不健康，健康状况为"不健康"或"一般"的人群占比较高。高收入群体健康的占比为 84.6%（见图 4-6）。

二　教育特征

2022 年，在受访人群中，7.9% 的人的学历为本科及以上，7.2% 的人的学历为大专，16.0% 的人的学历为高中，27.3% 的人的学历为初中，41.6% 的人的学历为小学及以下。分群体看，13.0% 的中等收入群体具有本科及以

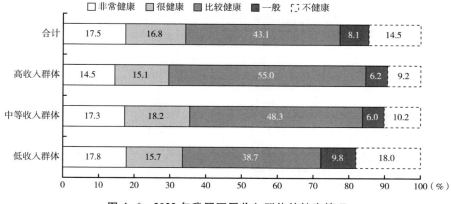

图 4-6　2022 年我国不同收入群体的健康情况

上学历，42.1% 具有高中及以上学历，但有 31.4% 只有小学及以下学历。低收入群体的小学及以下学历占比高达 50.1%，初中学历占比为 28.0%，高中学历占比为 14.2%。高收入群体的本科及以上学历占比高达 29.1%，高中及以上学历占比为 59.0%（见图 4-7）。

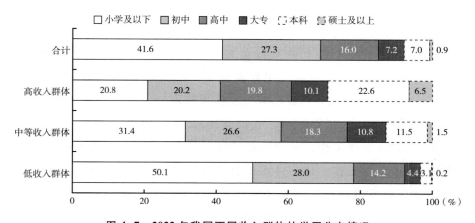

图 4-7　2022 年我国不同收入群体的学历分布情况

注：高中含普通高中、职业高中、技校、中专等。

2022 年，受访人群的平均受教育年限为 9.1 年。分群体看，中等收入群体的平均受教育年限为 10.4 年；低收入群体为 7.9 年，比平均受教育年限低 1.2 年；高收入群体为 12.2 年，比平均受教育年限高 3.1 年（见图 4-8）。

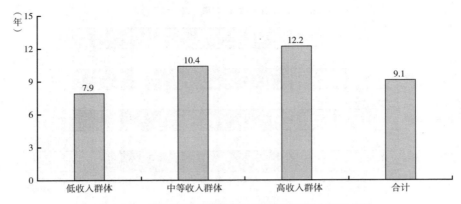

图 4-8　2022 年我国不同收入群体的平均受教育年限

第四节　就业特征

本节从受雇单位、从事行业分析不同收入群体的就业特征。

一　受雇单位

2022 年，受访人群主要为自雇者，占比为 41.6%，受雇于党政机关、事业单位、国有企业的占比分别为 2.9%、4.8%、6.7%，受雇于私企/个体的占比为 35.2%。就各收入群体所受雇的工作单位属性而言，中等收入群体主要在私企/个体工作。2022 年，我国中等收入群体中 40.3% 在私企/个体工作，30.4% 属于自雇，还有 4.2% 在党政机关工作，6.8% 在事业单位工作，10.1% 在国有企业工作（见图 4-9）。比较不同收入群体可以发现，中等收入群体自雇的比例相对较低，但在党政机关、事业单位、国有企业工作的比例相对较高。

低收入群体则主要为自雇者，占比为 51.3%，这与其中有较大部分从事农业生产经营的农民有关。低收入群体受雇于党政机关、事业单位、国有企业的占比分别为 1.7%、2.7%、3.9%，受雇于私企/个体的占比为 31.3%。高收入群体的自雇比例也较高，为 37.9%，受雇于私企/个体的占比（28.6%）相对最低。

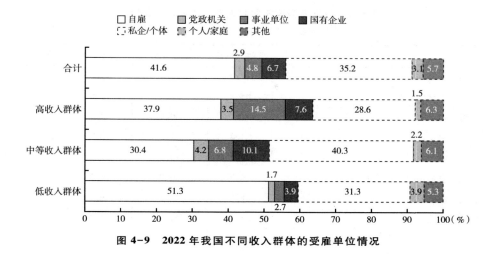

图 4-9 2022 年我国不同收入群体的受雇单位情况

二 从事行业

2022 年，受访人群主要从事第三产业（41.1%），从事第一产业、第二产业的占比分别为 31.7%、27.2%，在细分行业主要从事农林牧渔业（31.7%）、制造业（16.2%）、建筑业（8.8%）、批发零售业（8.4%）。

2022 年，我国 51.5% 的中等收入群体从事第三产业，30.9% 从事第二产业，17.7% 从事第一产业（见表 4-1）。从细分行业看，20.0% 的中等收入群体从事制造业，10.9% 从事批发零售业，8.7% 从事建筑业，住宿餐饮业，教育业，公共管理和社会组织业，交通运输、仓储和邮政业的从事比例分别为 4.4%、5.6%、5.2%、6.1%。与其他收入群体相比，中等收入群体在制造业及交通运输、仓储和邮政业的占比相对较高。

低收入群体主要从事第一产业，占比高达 44.8%，从事第二产业和第三产业的占比分别为 24.1%、31.1%。从细分行业看，44.8% 的低收入群体从事农林牧渔业，13.1% 从事制造业，8.9% 从事建筑业，6.1% 从事批发零售业，4.9% 从事住宿餐饮业，4.3% 从事居民服务和其他服务业。

高收入群体主要从事第三产业，占比高达 64.9%，从事第一产业和第二产业的占比分别为 13.0%、22.1%。从细分行业看，11.9% 的高收入群体从事制造业，11.6% 从事批发零售业，10.6% 从事教育业。

表 4-1　2022 年我国不同收入群体的从事行业情况

单位：%

行业	低收入群体	中等收入群体	高收入群体	合计
第一产业	44.8	17.7	13.0	31.7
农林牧渔业	44.8	17.7	13.0	31.7
第二产业	24.1	30.9	22.1	27.2
采矿业	1.4	1.3	0.7	1.4
制造业	13.1	20.0	11.9	16.2
电燃水的生产和供应业	0.7	0.9	0.5	0.8
建筑业	8.9	8.7	9.0	8.8
第三产业	31.1	51.5	64.9	41.1
交通运输、仓储和邮政业	3.3	6.1	2.4	4.6
信息传输、计算机服务和软件业	0.7	1.6	6.5	1.2
批发零售业	6.1	10.9	11.6	8.4
住宿餐饮业	4.9	4.4	4.1	4.7
金融业	0.7	1.5	4.9	1.2
房地产业	1.3	2.0	4.0	1.7
租赁和商务服务业	1.8	2.8	2.6	2.3
科学研究和技术服务业	0.3	1.4	1.8	0.8
水利、环境和公共设施管理业	0.9	1.1	1.5	1.0
居民服务和其他服务业	4.3	4.1	0.7	4.1
教育业	2.2	5.6	10.6	3.9
卫生、社会保障和社会工作业	1.6	3.2	5.1	2.4
文化、体育和娱乐业	0.6	1.6	1.5	1.0
公共管理和社会组织业	2.4	5.2	7.6	3.8
合计	100.0	100.0	100.0	100.0

第五节　经济特征

本节从收入、消费、资产、债务方面分析不同收入群体（家庭）的经济特征，通过 2010 年、2022 年两个时间窗口分析不同收入群体（家庭）经济特征的变化。

一　收入特征

就收入水平而言，2022年，我国中等收入群体的家庭平均收入为17.4万元，高于10万元的下限标准，可以推断较大部分的中等收入群体的收入水平处于10万~17.4万元。2022年，高收入群体的家庭平均收入为100.9万元（见图4-10），相当于中等收入群体的5.8倍；低收入群体的家庭平均收入为4.8万元，距离中等收入群体10万元的下限标准还有5.2万元的差距。

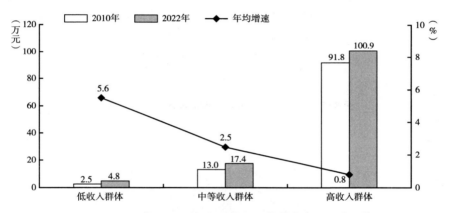

图4-10　2010年、2022年不同收入群体的家庭平均收入情况

就收入结构而言，2022年，中等收入群体以工资性收入为主，占比超过70%，经营性收入占比为10.2%，转移性收入占比为11%，财产性收入占比仅为3.4%。与不同收入群体相比，中等收入群体的工资性收入占比最高，经营性收入、财产性收入占比均高于低收入群体，收入结构更加丰富（见图4-11、图4-12）。高收入群体的转移性收入占比接近40%，这主要是因为部分高收入群体通过房屋拆迁、土地征用等方式获得了大量补偿，转移性收入规模较大，降低了其他类型收入占总收入的比重。即便如此，高收入群体的经营性收入、财产性收入占比仍为最高。低收入群体的转移性收入占比也超过20%，这主要来源于政府补助。

就收入水平和收入结构的变化趋势而言，2010~2022年，我国中等收入群体的家庭平均收入从13.0万元增长至17.4万元，年均增速为2.5%。中等收入群体的工资性收入占比降低3.2个百分点，经营性收入占比增长5.2

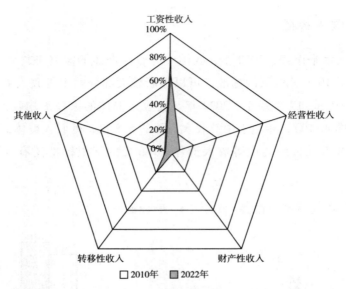

图 4-11 2010 年、2022 年低收入群体的收入情况

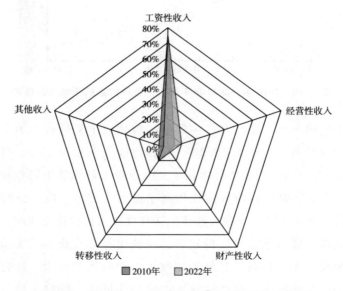

图 4-12 2010 年、2022 年中等收入群体的收入情况

个百分点,财产性收入占比增长 0.5 个百分点,转移性收入占比增长 1.1 个百分点。低收入群体的家庭平均收入从 2.5 万元增长至 4.8 万元,年均增速为 5.6%。低收入群体的工资性收入占比降低 14.4 个百分点,经营性收入占比增长 7.1 个百分点，财产性收入占比增长 0.3 个百分点，转移性收入占比增长 7.9 个百分点。

二　消费特征

就消费水平而言，2022 年，我国中等收入群体的家庭平均消费为 11.2 万元（见图 4-13）。高收入群体的家庭平均消费为 25.4 万元，是中等收入群体的约 2.3 倍。低收入群体的家庭平均消费为 5.1 万元，相当于中等收入群体的 45.5%。可以看出，不同收入群体之间的消费差距要小于收入差距。

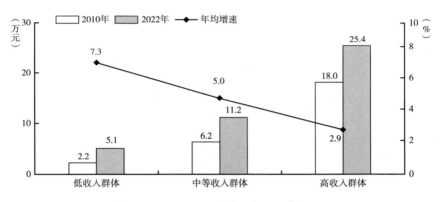

图 4-13　2010 年、2022 年不同收入群体的家庭平均消费情况

就消费结构而言，2022 年，中等收入群体以食品、居住、生活用品支出为主，三者占比之和达到 72.4%，交通通信、文教娱乐支出占比均为 9.4%，医疗保健支出占比为 6.2%。与不同收入群体相比，中等收入群体的食品、居住、医疗保健支出占比明显低于低收入群体（见图 4-14、图 4-15），生活用品、交通通信、文教娱乐支出占比高于低收入群体。高收入群体的食品、交通通信、医疗保健支出均为三个群体最低，居住、生活用品、文教娱乐支出占比均为三个群体最高。随着中等收入群体规模的扩大和收入的稳定增长，中等收入群体通过消费促进经济发展的贡献将不断增强。

就消费水平和消费结构的变化趋势而言，2010~2022 年，我国中等收入群体的家庭平均消费从 6.2 万元增长至 11.2 万元，年均增速为 5.0%。但低收入群体的年均消费增速为 7.3%，高于中等收入群体，高收入群体的年均消费增速为 2.9%。中等收入群体的食品、居住、生活用品支出占比分别增长了 0.6

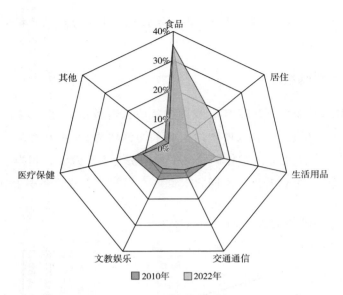

图 4-14 2010 年、2022 年低收入群体的消费情况

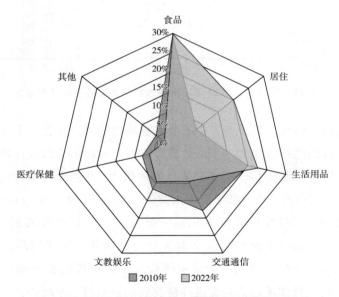

图 4-15 2010 年、2022 年中等收入群体的消费情况

个、12.1 个、2.5 个百分点,交通通信、文教娱乐、医疗保健支出分别降低了
9.1 个、9 个、7.7 个百分点。低收入群体的食品支出占比未发生明显变化,
居住支出增长了 10.6 个百分点,生活用品支出增长了 2.8 个百分点,交通通

信、文教娱乐、医疗保健支出分别降低了 2.9 个、4.3 个、4 个百分点。

　　城乡之间的中等收入群体消费存在差异，城镇消费水平明显高于农村。2022 年，城镇中等收入群体的消费规模约为 11.4 万元，农村中等收入群体的消费规模约为 9.3 万元（见图 4-16），相差约 2.1 万元。与农村相比，城镇中等收入群体的食品支出、文教娱乐支出占比更高，生活用品支出、交通通信支出、医疗保健支出占比更低（见图 4-17）。

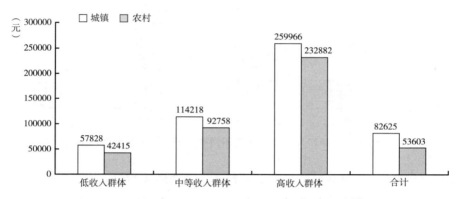

图 4-16　2022 年城乡地区的不同收入群体的消费规模情况

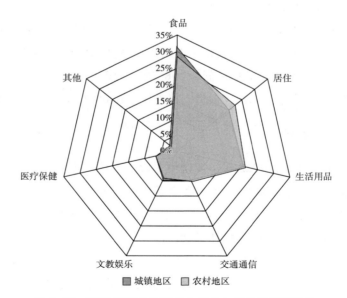

图 4-17　2022 年城乡地区的中等收入群体的消费结构

不同地区的中等收入群体的消费存在差异，东部地区高于其他地区。2022 年，东部、中部、西部和东北地区中等收入群体的消费规模分别约为 11.9 万元、10.8 万元、11.1 万元、9.5 万元（见图 4-18）。

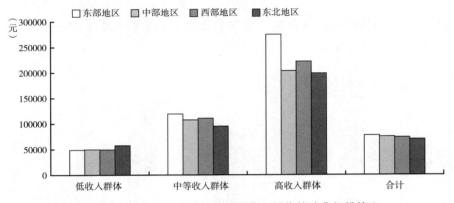

图 4-18　2022 年不同地区的不同收入群体的消费规模情况

总体来看，不同地区的中等收入群体的消费结构类似。四个地区的中等收入群体相比，东北地区的食品支出占比最高，为 34.1%，其他三个地区在 30% 左右；西部地区的居住支出占比超过 20%，其他三个地区均在 20% 以内；东部地区的生活用品支出占比最高，为 25.3%，西部地区最低，为 18.3%；东北地区的交通通信支出和文教娱乐支出占比最高，分别为 11.8% 和 11.3%，东部地区的交通通信支出占比最低，为 8.7%，西部地区的文教娱乐支出占比最低，为 8%；各个地区的医疗保健支出占比均在 6% 左右（见图 4-19）。

三　资产特征

就资产水平而言，2022 年，我国中等收入群体的家庭平均资产为 130.7 万元（见图 4-20）。高收入群体的家庭平均资产为 588.0 万元，是中等收入群体的 4.5 倍，资产差距小于收入差距。低收入群体的家庭平均资产为 34.4 万元，相当于中等收入群体的 26.3%。

就资产结构而言，2022 年，中等收入群体以房产为主，房产占比达到 71.4%（其中，自住房占比为 43.2%，其他房产占比为 28.2%），金融资产占比为 15.8%，经营性资产占比为 5.1%。与低收入群体相比，中等收入群体的资产比较丰富，自住房以外的其他房产价值和金融资产占比更

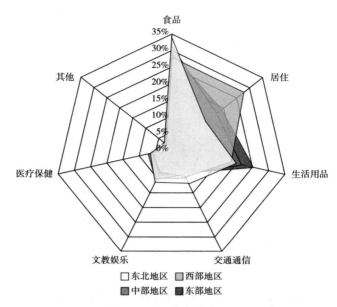

图4-19　2022年不同地区的中等收入群体的消费结构

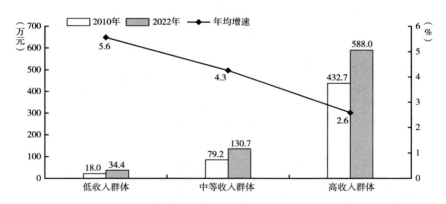

图4-20　2010年、2022年不同收入群体的家庭平均资产情况

高，自住房价值占比相对较低，金融资产、经营性资产的占比差距较小（见图4-21、图4-22）。高收入群体的房产占比为67.9%（其中，自住房占比为29.6%，其他房产占比为38.3%），金融资产、经营性资产占比要明显高于中等收入群体。

就变化趋势而言，2010~2022年，我国中等收入群体的家庭平均资产从79.2万元增长至130.7万元，年均增速为4.3%。低收入群体的家庭平均资

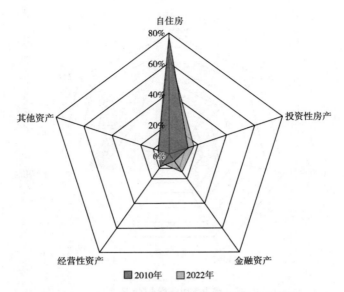

图 4-21　2010 年、2022 年低收入群体的资产情况

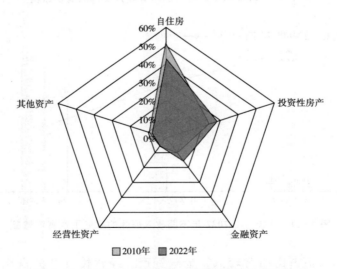

图 4-22　2010 年、2022 年中等收入群体的资产情况

产年均增速为 5.6%，高于中等收入群体。中等收入群体的房产结构发生变化，自住房占比降低，其他房产占比提高。此外，金融资产、经营性资产的占比也有所提高。低收入群体的自住房占比降低，其他房产占比提高，金融资产占比也有所提高，但经营性资产占比降低。

四　债务特征

就债务而言，2022 年，我国 34.9% 的中等收入群体有房贷，17.6% 有非房贷负债，其中房贷负债均值约为 14.8 万元，非房贷负债均值约为 3.1 万元，存在任何负债的占比为 45.6%，总负债均值约为 17.9 万元，债务与收入的平均比例为 99.8%，债务与资产的平均比例为 20.3%（见表 4-2）。与之相比，14.4% 的低收入群体有房贷，16.5% 有非房贷负债，其中，房贷负债均值约为 2.4 万元，非房贷负债均值约为 1.8 万元，存在任何负债的占比为 26.3%，总负债均值约为 4.3 万元，债务与收入的平均比例为 74.8%，债务与资产的平均比例为 8%。

相较于低收入群体，中等收入群体的债务压力要明显高于低收入群体。中等收入群体存在房贷比例明显更高，存在非房贷负债比例微高，且中等收入群体的负债规模更大。

就变化趋势而言，2010～2022 年，中等收入群体存在房贷比例增长了 24.9 个百分点，存在非房贷负债比例基本不变，房贷负债均值从约 1.5 万元增长至约 14.8 万元，非房贷负债均值从约 1.5 万元增长至约 3.1 万元，债务与收入的平均比例增长了 77 个百分点，债务与资产的平均比例增长了 15.7 个百分点。低收入群体存在房贷比例增长了 6.5 个百分点，存在非房贷负债比例则降低了 6.9 个百分点，房贷负债均值从约 0.4 万元增长至约 2.4 万元，非房贷负债均值从约 0.5 万元增长至约 1.8 万元，债务与收入的平均比例增长了 32.9 个百分点，债务与资产的平均比例增长了 3.2 个百分点。

表 4-2　2010 年、2022 年不同收入群体的家庭杠杆率情况

单位：%，元

		低收入群体	中等收入群体	高收入群体	合计
2010 年	存在房贷比例	7.9	10.0	3.5	8.1
	房贷负债均值	3743	14802	3058	4545
	存在非房贷负债比例	23.4	17.5	58.4	23.0
	非房贷负债均值	5047	15236	116073	6004
	存在任何负债比例	30.4	27.2	61.8	30.2
	总负债均值	8798	30123	119131	10562
	债务/收入平均比例	41.9	22.8	15	40.5
	债务/资产平均比例	4.8	4.6	24.7	4.8

续表

		低收入群体	中等收入群体	高收入群体	合计
2022年	存在房贷比例	14.4	34.9	47.0	23.2
	房贷负债均值	24358	148023	559693	85541
	存在非房贷负债比例	16.5	17.6	23.4	17.1
	非房贷负债均值	18413	31168	94762	25281
	存在任何负债比例	26.3	45.6	59.5	34.6
	总负债均值	42807	179464	660546	111131
	债务/收入平均比例	74.8	99.8	92.6	84.9
	债务/资产平均比例	8	20.3	20.9	13.1

第六节 数字金融服务使用特征

本节借助 2022 年 CFPS 开展的第六轮追踪调查，在个人自答问卷"网络模块"中搭载关于"移动支付"专项模块，对相关数据进行初步分析得到的结果如下。

一 主要支付方式

2022 年，我国有 77.4% 的人使用移动支付。中等收入群体使用移动支付的比例为 87.7%，高收入群体为 92.7%，但低收入群体仅为 71.5%（见图 4-23）。

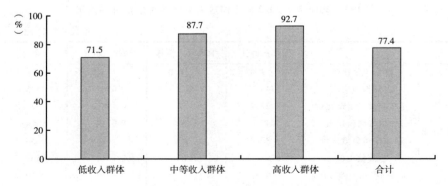

图 4-23 2022 年不同收入群体的移动支付使用情况

从支付方式来看，2022年，我国居民以使用微信钱包或支付宝支付为主，占比为66.3%，另有31.9%的人仍使用现金交易（见图4-24）。分群体来看，中等收入群体中78.9%使用微信钱包或支付宝支付，19.1%使用现金交易；低收入群体中59.0%使用微信钱包或支付宝支付，但有39.3%使用现金交易；高收入群体使用微信钱包或支付宝支付的比例高达83.6%，仅有12.4%使用现金交易。

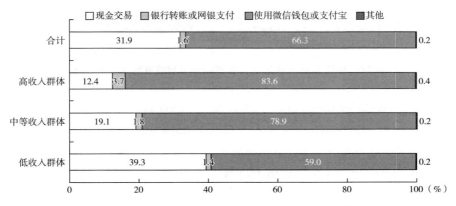

图4-24　2022年不同收入群体使用的主要支付方式情况

二　微信与支付宝使用特征

本部分进一步聚焦居民使用移动支付时的主要应用——微信钱包和支付宝。2022年，我国51.9%的居民对微信钱包或支付宝都使用，22.6%的人都不使用，24.9%的人仅使用微信钱包，0.6%的人仅使用支付宝（见图4-25）。分群体来看，中等收入群体中67.4%的人对微信钱包或支付宝都使用，12.4%都不使用，19.6%仅使用微信钱包；低收入群体中只有42.9%对微信钱包或支付宝都使用，28.5%对微信钱包或支付宝都不使用，27.9%仅使用微信钱包；高收入群体中的76.3%对微信钱包或支付宝都使用，7.3%都不使用，15.7%仅使用微信钱包。

总体而言，收入越高的人群，越习惯于使用微信钱包或支付宝；收入越低的人群，越有较大比例的人两者都不使用，或以使用微信钱包为主。对于任何群体，仅使用支付宝的占比不足1%。

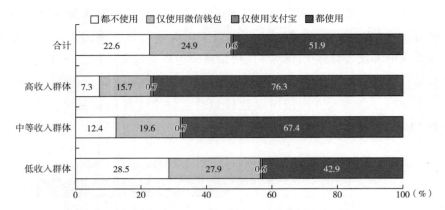

图 4-25　2022 年不同收入群体使用微信钱包或支付宝支付的情况

从微信钱包的使用频率来看，2022 年，平均而言，每周使用 1~6 次或每天使用 1~4 次的占比均在 30% 左右（见图 4-26）。其中，在中等收入群体中，38.4% 每天使用 1~4 次，31.2% 每周使用 1~6 次；在低收入群体中，26.2% 每天使用 1~4 次，29.1% 每周使用 1~6 次；在高收入群体中，43.1% 每天使用 1~4 次，24.1% 每周使用 1~6 次。

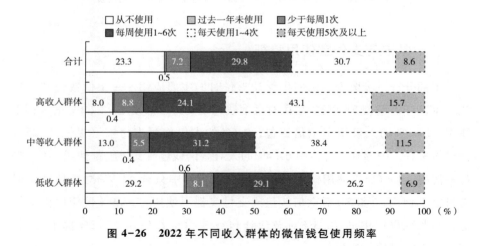

图 4-26　2022 年不同收入群体的微信钱包使用频率

从支付宝使用频率来看，2022 年，大部分人每周使用 1~6 次，占比为 22.7%，16.5% 少于每周 1 次。其中，在中等收入群体中，31.2% 每周使用 1~6 次，19.1% 少于每周 1 次；在低收入群体中，17.8% 每周使用 1~6 次，

15.2%少于每周 1 次；在高收入群体中，36.9%每周使用 1~6 次，19.0%每天使用 1~4 次（见图 4-27）。

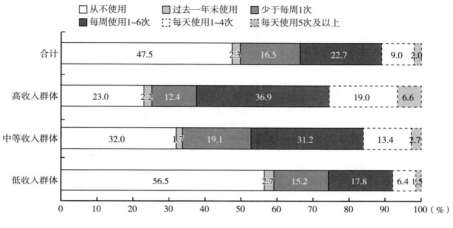

图 4-27　2022 年不同收入群体的支付宝使用频率

三　其他数字金融服务

从使用移动支付外的其他数字金融服务的情况来看，收入越高的人群，越倾向于使用其他金融服务。2022 年，我国 85.9%的人未使用移动支付外的其他数字金融服务，6.0%的人使用投资理财，2.2%的人使用信用贷款，2.5%的人使用消费分期，2.0%的人购买保险（见图 4-28）。

我国数字普惠金融的深化还有很长的路要走。2022 年，80.2%的中等收入群体未使用移动支付外的其他数字金融服务，仅 9.3%使用投资理财，3.0%使用信用贷款，3.3%使用消费分期，2.6%购买保险。即使在高收入群体中，也有 67.3%未使用移动支付外的其他数字金融服务，17.7%使用投资理财，3.9%使用信用贷款，5.1%使用消费分期，2.8%购买保险。而低收入群体则有高达 90.2%的人未使用移动支付外的其他数字金融服务，3.4%使用投资理财，1.6%使用信用贷款，1.9%使用消费分期，1.7%购买保险。

可以发现，数字金融服务的使用率与收入水平呈显著正相关关系。在高收入群体中，32.7%的人使用移动支付外的其他数字金融服务，其中投资理财占比最高（17.7%），反映出该群体对财富管理具有强烈需求。相比之下，中等收入群体仅有 19.8% 的使用率，且集中于投资理财（9.3%）、消费分期（3.3%）和信用贷款（3.0%），渗透率明显不足，这表明其金融需求尚未被充分激活。而低收入群体的"数字金融荒漠"现象尤为突出——在仅为 9.8% 的使用率中，购买保险（1.7%）、信用贷款（1.6%）等基础服务的覆盖率极低。这一方面是因为存在金融认知鸿沟，低收入群体和大多数中等收入群体普遍缺乏对利率、风险等基础概念的认知，这导致服务排斥；另一方面是因为产品存在适配性缺陷，传统金融产品的高门槛（如"投资理财"要求从 1 万元起）与低收入群体和中等收入群体的资金碎片化特征错配，而且，功能设计过于复杂，超出了用户的金融素养水平。

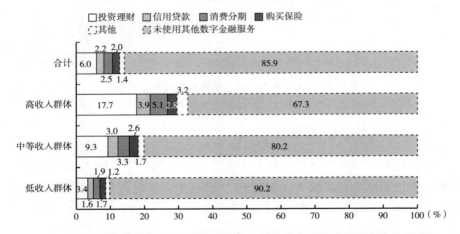

图 4-28　2022 年不同收入群体使用移动支付外的其他数字金融服务的情况

第五章　中等收入群体的主观感受特征与阶层认同

本章基于丰富的微观实证数据，描绘了我国中等收入群体的主观感受特征。本章聚焦幸福感/满意度、公平感以及未来信心，这些主观感受揭示了中等收入群体对社会现状的感知与评价。同时，本章还着重分析中等收入群体对自身收入地位和社会地位的认同度，分析中等收入群体在社会结构中的自我定位和心理预期。

第一节　文献综述

一　研究背景

人们所处的客观社会经济地位与认同的主观社会经济地位往往并不一致。主观认同是人们对自己在社会中所处位置的一种自我评价，是一种心理感受。主观认同的社会经济地位既受到诸如收入、职业、生活质量等客观指标的影响，也受到社会威望、比较对象等主观因素的影响。有研究表明，我国社会存在一定的社会阶层主观认同偏低现象，即"认同下移"。[①]具体表现为，有更大比例的人群认为自己在社会中处于中下层或下层，而中间层人群占比偏低。一个按照客观标准界定的"中等收入"家庭的成员，可能主观上并不认为自己属于中等收入群体。主观地位认同可以理解为人们的社会心理身份，体现为个体对某一阶层的心理归属感。我国在着力扩

---

① 刘欣 . 转型期中国大陆城市居民的阶层意识 [J]. 社会学研究，2001，（03）：8-17. 赵延东 . "中间阶层认同"缺乏的成因及后果 [J]. 浙江社会科学，2005；（02）：86-92. 冯仕政 . 中国社会转型期的阶级认同与社会稳定——基于中国综合调查的实证研究 [J]. 黑龙江社会科学，2011，（03）：127-133.

大中等收入群体的同时，也应关注中等收入群体的主观社会阶层归属。本章从存量及增量两个视角来分析中等收入群体的主观认同水平。

从学界已有研究来看，从主观评价与自我认同的角度深层次挖掘和分析中等收入群体不失为一个可行的路径。

二 主观评价对中等收入群体的影响

主观评价、主观测量是社会科学研究的重要组成部分，但由于不同群体对同一个客观事实可能存在不同的评价标准，自评的主观测量指标（如自评健康、工作满意度等）通常不可直接进行群体间比较。[①] 而在对社会经济地位的评价方面，存在主观与客观认定上的不一致现象。譬如有超过40%的农民工认为自己属于"社会中层"。[②] 这种不一致现象本身并不是根本问题，但当我们试图通过主观评价来推断客观事实时，这种不一致则会带来分析结果的偏误。有学者认为，客观社会地位对健康的影响是间接的，与之相关的间接路径上的关联点正是主观社会地位，即客观社会地位影响人们对自身社会地位的主观评价，主观评价进而直接影响幸福感和健康。[③]

现有研究大多将主观评价与环境质量评价及心理阈值等相关研究相结合。例如，刘建君等将居民对环境质量的主观评价作为核心解释变量，以研究其与居民生活满意度之间的关系。[④] 周莹等提出心理阈值协同视角下的群体评价方法的新特点；[⑤] 吴琼利用锚定法分析 2012 年 CFPS 中 15 岁以上城乡居民对情景人物主观社会地位的评价，探索不同群体评价标准的差异。[⑥]

---

① Chevalier A., Fielding A. An introduction to anchoring vignettes [J]. Royal statistical society, 2011, 174: 569-574.

② 李培林，张翼. 中国中产阶级的规模、认同和社会态度 [J]. 社会, 2008, (02): 1-19+220.

③ Adler N. E., Epel E. S., Castellazzo G., et al. Relationship of subjective and objective social status with psychological and physiological functioning: Preliminary data in healthy white women [J]. Health psychology official journal of the division of health psychology american psychological association, 2000, 19 (6): 586-592.

④ 刘建君，骆晓雪，李微. 环境质量主观评价对生活满意度的影响——基于黑龙江省民生调研数据的实证研究 [J]. 调研世界, 2020, (05): 28-33.

⑤ 周莹，易平涛，郭亚军. 心理阈值协同视角下的群体评价方法及应用 [J]. 中国管理科学, 2017, (04): 158-163.

⑥ 吴琼. 主观社会地位评价标准的群体差异 [J]. 人口与发展, 2014, (06): 63-70.

三　自我认同对中等收入群体的影响

当前学界对于何谓自我认同，并未形成统一定论。在较为主流的埃里克森的自我同一性理论中，自我认同是指由个体自身与社会文化环境相互作用而形成的，在社会生活实践、人际交往中所表现出来的对自我的接纳与认可。[①] 除埃里克森的定义以外，学界比较有代表性的几种自我认同定义如下。吉登斯认为自我认同应该是个体在自己经历的基础上所认识的自我。[②] 他认为"自我"是由个体的认知、合理稳定的自我认同感，及个体能动地体会到其人生经历的相互联系并与他人互动等几个方面组成。泰勒在《自我的根源》一书中提出，自我认同是内在性的一种体现，在本体论上追问"我是谁"。[③] 同时，自我认同并不是个体所拥有的特质，或一种特质的组合，它是个人根据自身的经历所形成的作为反思性理解的自我。本研究将自我认同定义为，个体对自己内在能力、认知世界和生活发展状态在主观上的体验及感受。[④]

通过进行文献梳理，我们发现，当前学界对自我认同的研究主要聚焦于青少年、教师等群体，例如，彭立平使用志愿服务参与量表、自我效能感问卷、自我认同量表、大学生主观幸福感指数量表对 1219 名大学生进行测量，认为自我认同在志愿服务参与和大学生主观幸福感之间起部分中介作用。[⑤] 李阳对互联网中等收入群体的社会认同展开研究，在认同阶段，其身份的虚实多重性打破了社会认同的整体性，主观认同呈现"向下偏移"的趋势；在比较阶段，他们既对互联网行业前景充满信心又面临职场焦虑。[⑥]

综上所述，针对我国中等收入群体的主观评价、自我认同的相关研究极少。而研究中等收入群体的主观评价、自我认同对准确把握这一群体的

---

① 埃里克·H. 埃里克森. 同一性 [M]. 北京：中央编译出版社，2015.
② 安东尼·吉登斯. 现代性与自我认同 [M]. 北京：生活·读书·新知三联书店，1998.
③ 查尔斯·泰勒. 自我的根源 [M]. 北京：译林出版社，2001.
④ 姜永志，白晓丽，刘勇，陈中永. 社会适应能力对青少年移动社交网络使用的影响：自我认同与心理和谐的链式中介作用. 中国临床心理学杂志，2017，25（03）：550-553.
⑤ 彭立平. 志愿服务参与对大学生主观幸福感的影响：自我效能感和自我认同的链式中介作用 [J]. 中国临床心理学杂志，2022，（05）：1126-1129.
⑥ 李阳. 分化与重建：互联网中等收入群体的社会认同 [J]. 江海学刊，2021，（05）：112-121+254.

社会心态、利益诉求具有十分重要的意义，同时对扩大中等收入群体的规模、确保社会结构与社会秩序稳定具有十分重要的现实意义。

第二节　主观特征

本节从三个维度考察不同收入群体的主观判断，分别为幸福感/满意度、公平感、未来信心。由于主观判断相关问题源自 2022 年 CFPS 个人库，因此主观判断的分布情况为个人数量分布的占比，并非家庭占比。

一　幸福感/满意度

本部分通过 2022 年 CFPS 个人库中的"您觉得自己有多幸福？"衡量幸福感，其中，0 分代表幸福感最低，10 分代表幸福感最高；通过"您给自己生活的满意程度打几分？"衡量满意度，其中，1 分表示很不满意，5 分表示非常满意。2022 年不同收入群体的幸福感分数的核密度分布见图 5-1。2022 年不同收入群体的生活满意度分数的核密度分布见图 5-3。

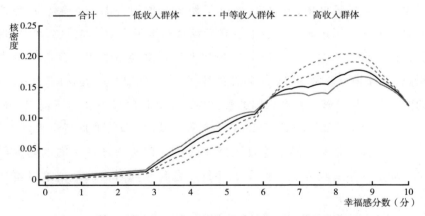

图 5-1　2022 年不同收入群体的幸福感分数的核密度分布

资料来源：CFPS，下同。

2022 年，有 70.4% 的人的幸福感分数至少为 7 分（图 5-2），所有人的幸福感平均分数为 7.50 分。其中，32.3% 的人的幸福感分数为 9~10 分，5.4% 的人的幸福感分数为 0~4 分。74.8% 的中等收入群体的幸福感分数至少为 7 分。分群体看，收入越高，幸福感越高。低收入群体中仅有 66.7% 的人的幸福感分数至少在 7 分，而中等收入群体和高收入群体的这一比例分别为 74.8%、79.1%。经测算，低收入群体、中等收入群体、高收入群体的幸福感平均分数分别为 7.40 分、7.63 分、7.72 分。同时，分城乡看，城镇居民幸福感分数至少为 7 分的比例高于农村居民；分出生队列看，"60 前"（1960 年之前出生的人群）和 "90 后"（1990 年之后出生的人群）的幸福感分数至少为 7 分的比例更高；分最高学历看，学历越高，幸福感分数越高。

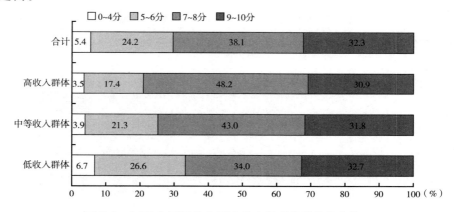

图 5-2　2022 年不同收入群体的幸福感分数的分布情况

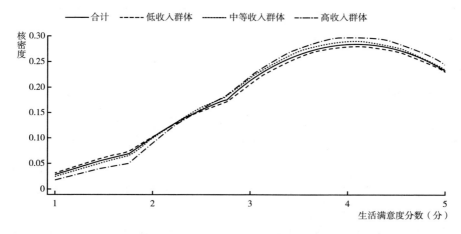

图 5-3　2022 年不同收入群体的生活满意度分数的核密度分布

2022 年，71.8% 的人生活满意度分数至少为 4 分（见图 5-4），所有人的生活满意度平均分数为 4.01 分。其中，34.9% 的人的生活满意度分数为满分 5 分，36.9% 的人的生活满意度分数为 4 分，但也有 4.0% 的人的生活满意度分数为 1~2 分。73.3% 的中等收入群体的生活满意度分数至少为 4 分。分群体看，收入越高，生活满意度越高。低收入群体中有 70.4% 的人的生活满意度分数至少为 4 分，而中等收入群体和高收入群体的这一比例分别为 73.3% 和 78.5%。经测算，低收入群体、中等收入群体、高收入群体的生活满意度平均分数分别为 4.01 分、4.02 分、4.06 分。同时，分城乡看，农村居民的生活满意度分数更高；分出生队列看，年龄越大，生活满意度分数越高；分最高学历看，小学及以下学历、本科及以上学历的生活满意度分数更高，而初中、高中、大专学历的生活满意度分数较为接近。

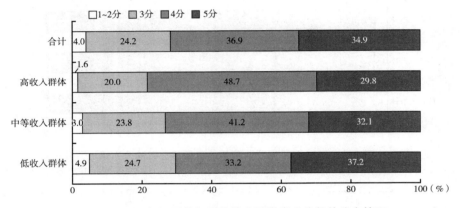

图 5-4　2022 年不同收入群体的生活满意度分数的分布情况

二　公平感

本部分通过 2022 年 CFPS 个人库中的如下问题对不同收入群体的公平感状况进行分析与呈现。相关问题包括：对"您在多大程度上同意'在当今社会，努力工作能得到回报'？""您在多大程度上同意'在当今社会，有社会关系比个人有能力更重要'？""总的来说，您认为贫富差距在我国的程度如何？"其中，在前两个问题中，同意的程度包括十分不同意、不同意、既不同意也不反对、同意、十分同意，第三个问题则以分数代表程度，其中，0 分代表不高，10 分代表非常高。2022 年不同收入群体对"您在多大程度上同意'在当今社会，努力工作能得到回报'？"看法的核密度分布见图 5-5。2022 年不同收入群体对"您在多大程度上同意'在当今社会，有社会关系比个人有能力更重要'?"看法的核密度分布见图 5-7。2022 年不同收入群体对"总的来说，您认为贫富差距在我国的程度如何?"评分的核密度分布见图 5-9。

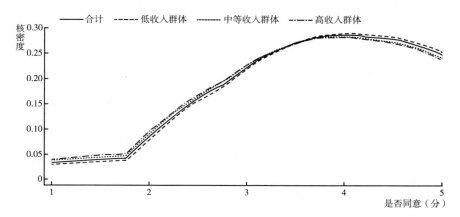

图 5-5　2022 年不同收入群体对"您在多大程度上同意'在当今社会，
努力工作能得到回报'?"看法的核密度分布

注：1 分代表十分不同意，2 分代表不同意，3 分代表既不同意也不反对，4 分代表同意，5 分代表十分同意。

如图 5-6 所示，2022 年，86.7% 的人同意和十分同意"在当今社会，努力工作能得到回报"这一观点。其中，有 64.7% 的人同意，22.0% 的人十分同意。但也有 10.8% 的人表示不同意，1.0% 的人十分不同意。

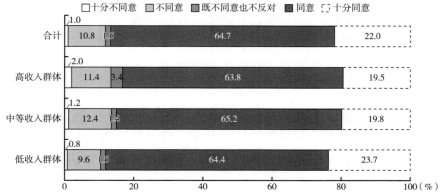

图 5-6　2022 年不同收入群体对"您在多大程度上同意'在当今社会，
努力工作能得到回报'?"的看法分布

85.0%的中等收入群体同意和十分同意"在当今社会，努力工作能得到回报"。分群体看，收入越高，同意程度反而越低。低收入群体、中等收入群体、高收入群体十分同意这一观点的比例分别为 23.7%、19.8%、19.5%，同意的比例分别为 64.4%、65.2%、63.8%。

此外，分城乡看，农村居民更同意"在当今社会，努力工作能得到回报"；分出生队列看，"60 前"、"60 后"和"70 后"对这一观点的认可度更高；分最高学历看，学历越高，越不认可这一观点。

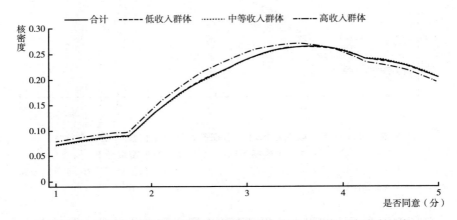

图 5-7 2022 年不同收入群体对"您在多大程度上同意'在当今社会，有社会关系比个人有能力更重要'？"看法的核密度分布

注：1 分代表十分不同意，2 分代表不同意，3 分代表既不同意也不反对，4 分代表同意，5 分代表十分同意。

如图 5-8 所示，2022 年，71.8%的人同意和十分同意"在当今社会，有社会关系比个人有能力更重要"这一观点。其中，有 59.2%的人同意，12.6%的人十分同意，但也有 23.0%的人不同意，2.4%的人十分不同意。

收入更高，对这一观点的认可度稍微下降。但总体而言，不同收入群体对这一观点未表现出特别明显的差异性。低收入群体、中等收入群体、高收入群体十分同意这一观点的比例分别为 13.0%、12.5%、6.7%，同意的比例分别为 58.8%、59.7%、63.1%。

同时，分城乡看，城镇与农村居民对"在当今社会，有社会关系比个人有能力更重要"的认可度接近；分出生队列看，"60 前""60 后""70

后""80后"更同意这一观点，但"90后"对其同意程度要显著低于"90前"；分最高学历看，学历越高，越不认可这一观点。

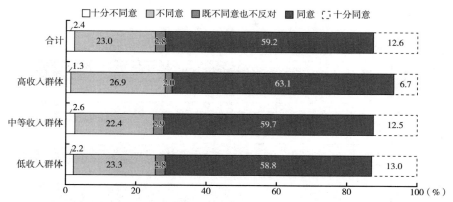

图 5-8　2022 年不同收入群体对"您在多大程度上同意'在当今社会，有社会关系比个人有能力更重要'?"的看法分布

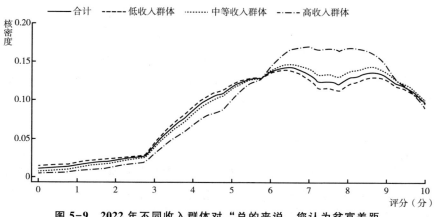

图 5-9　2022 年不同收入群体对"总的来说，您认为贫富差距在我国的程度如何?"评分的核密度分布

2022 年，有 56.9% 的人对我国"贫富差距程度"认知至少为 7 分，所有人的平均分数为 6.84 分。其中，26.2% 的人认为"贫富差距程度"为 9~10 分，30.7% 的人认为"贫富差距程度"为 7~8 分，但也有 12.2% 的人认为"贫富差距程度"为 0~4 分（见图 5-10）。

59.4% 的中等收入群体认为我国"贫富差距程度"至少为 7 分。分群体看，收入越高，认可"贫富差距程度"越高。低收入群体、中等收入群体、高收入群体认为贫富差距程度在 7 分及以上的比例分别为 54.5%、59.4% 和 67.6%，在 9 分及以上的比例分别为 25.8%、26.8%、23.2%。经测算，低收入群体、中等收入群体、高收入群体对"贫富差距程度"的平均认知分数分别为 6.71 分、6.98 分、7.14 分。

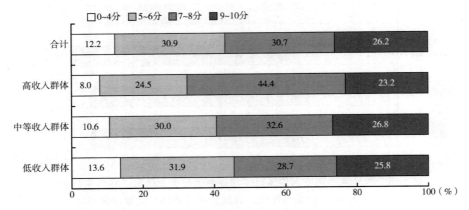

图 5-10　2022 年不同收入群体对"总的来说，您认为贫富差距在我国的程度如何？"评分的分布情况

同时，分城乡看，城镇居民更倾向于认可"贫富差距程度"；分出生队列看，"80 后"和"90 后"比"80 前"更认可"贫富差距程度"；分最高学历看，学历越高，越倾向于认可"贫富差距程度"。

三　未来信心

本部分通过 2022 年 CFPS 个人库中对"您给自己未来的信心程度打几分？"测度未来信心。其中，1 分表示没有信心，5 分表示很有信心。2022 年不同收入群体的未来信心分数的核密度分布见图 5-11。

2022 年，75.3% 的人的未来信心分数至少为 4 分（见图 5-12），所有人的未来信心分数的均值为 4.10 分。另外，20.8% 的人的未来信心分数为 3 分，3.9% 的人的未来信心分数为 1~2 分。

76.2% 的中等收入群体的未来信心分数至少为 4 分。分群体看，收入越高，未来信心越高。低收入群体中仅有 74.5% 的未来信心分数至少在 4 分，而中等收入群体和高收入群体的这一比例分别为 76.2% 和 78.6%。低收入群体的未来信心分数为 1~2 分的比例为 4.7%，中等收入群体和高收入群体的这一比例分别为 3.0%、1.6%。

同时，分城乡看，农村居民的未来信心分数为 4~5 分的比例更高；分出生队列看，不同年龄的人群的未来信心分数基本一致；分最高学历看，小学及以下学历、本科及以上学历的未来信心分数更高。

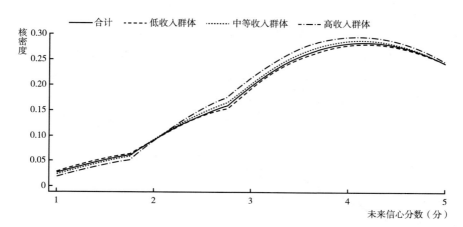

图 5-11　2022 年不同收入群体的未来信心分数的核密度分布

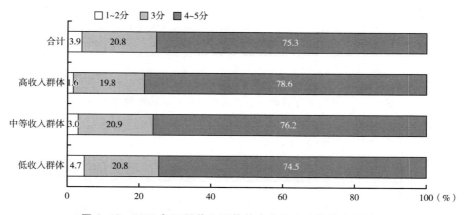

图 5-12　2022 年不同收入群体的未来信心分数的分布情况

第三节　主观认同分析

本部分通过 2022 年 CFPS 个人库中的"您给自己收入在本地的位置打几分？""您给自己在本地的社会地位打几分？"两个问题测度收入及社会地

位。其中，1 分表示很低，5 分表示很高。2022 年不同收入群体的收入地位
认知的核密度分布见图 5-13。2022 年不同收入群体的社会地位认知的核密
度分布见图 5-15。

一　收入地位

大多数人认为自己的收入地位处于中间位置，2022 年，49.0% 的人认
为自己的收入地位分数为 3 分，22.1% 认为自己的收入地位分数为 4~5 分，
28.9% 的人认为自己的收入地位分数为 1~2 分（见图 5-14）。经测算，所
有受访个人对收入地位认知的平均分数为 2.92 分。

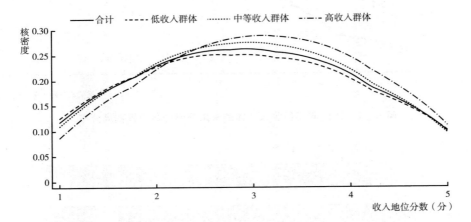

图 5-13　2022 年不同收入群体的收入地位认知的核密度分布

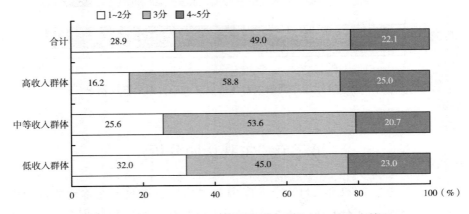

图 5-14　2022 年不同收入群体的收入地位认知的分布情况

53.6%的中等收入群体认为自己的收入地位分数为 3 分。收入越高的人，给自己的收入地位打 3 分及以上的比例越高。低收入群体、中等收入群体、高收入群体认为自己的收入地位分数在 3 分及以上的比例分别为68.0%、74.3%、83.8%。经测算，低收入群体、中等收入群体、高收入群体对收入地位认知的平均分数分别为 2.90 分、2.94 分、3.08 分。

同时，分城乡看，农村居民对自己的收入地位的认知更高；分出生队列看，年龄越高，对自己的收入地位的认知越高；分最高学历看，最高学历为高中、大专、本科的人群对自己的收入地位的认知较低。

二　社会地位

大多数人认为自己的社会地位处于中间位置，2022 年，46.8%的人认为自己的社会地位分数为 3 分，26.4%的人认为自己的社会地位分数为 4~5分，26.9%的人认为自己的社会地位分数为 1~2 分（见图 5-16）。经测算，所有受访个人对社会地位认知的平均分数为 3 分。

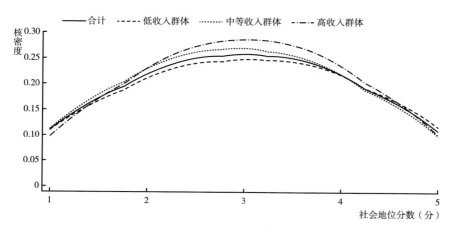

图 5-15　2022 年不同收入群体的社会地位认知的核密度分布

50.4%的中等收入群体认为自己的社会地位分数为 3 分。收入越高的人，给自己的社会地位打 3 分及以上的比例越高。低收入群体、中等收入群体、高收入群体认为自己的社会地位的分数在 3 分及以上的比例分别为72.9%、73.2%、79.2%。经测算，低收入群体、中等收入群体、高收入群体对社会地位认知的平均分数分别为 3.04 分、2.94 分、3.02 分。

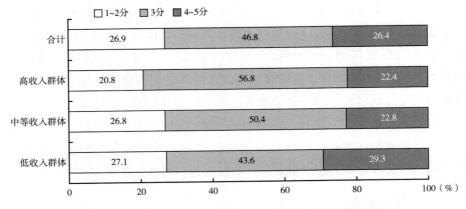

图 5-16 2022 年不同收入群体的社会地位认知的分布情况

同时，分城乡看，农村居民对自己的社会地位的认知更高；分出生队列看，年龄越高，对自己的社会地位的认知越高；分最高学历看，小学以下学历的人群认为自己的社会地位分数在 3 分及以上的比例反而是最高的。

三 中等收入主观认同的进一步分析

大多数个体通过主观感知和认知方式对自身的经济状况和社会地位进行评估，这种评估基于社会比较、个人社会背景以及自我认知和满足感等心理因素的综合作用。因此，个体在认定自己的收入水平或社会地位时，往往受主观感受和个体因素的影响。

社会心理学研究表明，个体的自我认知和自我评价受社会环境和他人比较的影响，这会影响他们对自身地位和身份的认知。"相对贫困"和"相对富裕"的概念也在这种背景下得到了解释，人们往往更注重与周围人的比较，而非注重绝对的收入水平。人们在对自己的经济状况和社会地位进行评估时，会参照周围人群的水平进行比较。因此，若自己处于中等收入群体，则可能更容易认为自己也处于中等阶层，以符合社会比较的倾向。

认知心理学可以解释为何人们倾向于自我评定为中等阶层。认知失调理论认为，个体通常会寻求与自己的认知保持一致，即保持一种对自己状况的积极且一致的看法，以维护自尊和实现心理平衡。因此，即使个体的实际收入或社会地位与中等阶层有所偏离，也可能通过自我认知的调整来保持一种中等阶层的认知。

　　近年来，有关中等收入群体标准（如家庭年收入为 10 万~50 万元）的话题在网络上频繁引起热议，其中不乏质疑的声音。第一，这是因为部分网民混淆了个体月薪与家庭人均收入的概念，10 万~50 万元属于家庭收入标准。假设一个三口之家中两名成员为劳动力，则每人平均月薪需达到 4166 元，才可称为中等收入群体。从家庭人均收入角度来看，家庭人均收入只需要达到 2777 元，所以一些专家提出"月收入达到 3000 元，就可以被划为中等收入群体"时就容易引起网友的误解。第二，网络用户以城市白领为主，月薪多能超过这一标准，且他们正处于承担房贷、育儿、养老压力的时期，因此即便收入达到这一标准，也不认同自己的中等收入地位。但是，农村的低收入群体或中等收入群体在网络上并不活跃，在网络上较少发言。第三，财富情况在个体对自己实际收入情况的主观判断中扮演重要角色，个体通常会通过与他人比较来评估自己的财富情况。如果一个人在社会中与周围的同龄人相比属于相对富裕的一部分，那么他可能认为自己的财务状况比较好，反之亦然。从收入的"橄榄型"结构转变到财富的"橄榄型"结构，才能实现中等收入群体主观认知的提高。我们的数据分析也表明，不同收入群体的收入地位或社会地位认知与网络反映的情况并不一致，网络使用群体并不具有一般代表性。

第六章　收入阶层的流动性分析：
"稳中" 与 "提低"

扩大中等收入群体在宏观层面上是重要的政策目标，在微观层面上则体现为个体或家庭的收入变化过程。我国扩大中等收入群体主要依靠"提低"和"稳中"两种方式，但两者在"扩中"的不同阶段的重要性不一。居民收入处于不断变化之中，居民收入层级也相应发生跃迁或滑落。因此，扩大中等收入群体的研究必须采用流动性视角。流动性分析需要跨年可追踪数据的支持，且数据需要具有全国代表性，从而对微观数据广度、深度有较高要求。本章基于历年 CFPS 家庭经济库和个人库的数据的可追踪性，对扩大中等收入群体的过程与路径变化进行清晰的展示与测算。

第一节　收入阶层流动的动态分析

扩大中等收入群体的分析需要从动态视角看待，个体的收入并不具有稳定性，因此居民收入的波动会导致其所属的收入阶层变化。扩大中等收入群体是一个动态增长的过程，中等收入群体和低收入群体之间的流动性较强：部分低收入群体通过稳定工作、积累财富、提升收入等方式，逐步迈入中等收入群体的行列；部分中等收入群体由于各种因素（如经济波动、职业变迁、家庭结构变动等）导致收入水平下降，进而下滑到低收入群体，此外还有稳定保持收入阶层地位的中等收入群体。[1]

不同收入群体之间保持一定的流动性，这体现了社会经济的活力和韧

---

[1]　由于高收入群体占比较低，流动性不高，本章对其不展开讨论。

性，也反映了社会结构在适应经济变化中的自我调整能力。但是，在扩大中等收入群体目标的背景下，从净效果的角度来看，"提低"的人口占比高于从中等收入群体中滑出的比例，中等收入群体规模才会呈现扩大的趋势。因此，为有效扩大中等收入群体，一方面需要促进低收入群体的收入快速增长，另一方面需要保证现有中等收入群体的收入稳定，即"提低"和"稳中"两者都是中等收入群体规模不断扩大的来源，两者都需要发力，才能最大限度地改善我国收入分配不均衡的现状，不断扩大中等收入群体。

基于 CFPS 中的全国数据，如表 6-1 所示，2010~2012 年，全国 9.2% 的家庭成功实现了从低收入群体至中等收入群体的跃迁（以下简称"提低"），2.9% 的家庭保持中等收入群体的地位（以下简称"稳中"）。但是，有 83.6% 的家庭仍然处于低收入群体的位置，有 3.9% 的中等收入群体滑落为低收入群体。"提低"的家庭占比高于从中等收入群体滑落为低收入群体的占比，中等收入群体实现扩大。

表 6-1　2010~2022 年我国不同收入群体的流动情况

单位：%

| | 收入群体 | 2020 年 | | | |
		低收入群体	中等收入群体	高收入群体	合计
2022 年	高收入群体	0.5	1.4	0.6	2.5
	中等收入群体	13.5	24.7	0.9	39.1
	低收入群体	50.3	7.6	0.4	58.3
	合计	64.3	33.7	1.9	100.0
	收入群体	2018 年			
		低收入群体	中等收入群体	高收入群体	合计
2020 年	高收入群体	0.2	1.4	0.3	1.9
	中等收入群体	12.6	19.8	0.7	33.1
	低收入群体	56.6	8.1	0.3	65.0
	合计	69.4	29.3	1.3	100.0
	收入群体	2016 年			
		低收入群体	中等收入群体	高收入群体	合计
2018 年	高收入群体	0.3	0.8	0.3	1.4
	中等收入群体	13.4	14.6	0.6	28.6
	低收入群体	62.8	6.8	0.4	70.0
	合计	76.5	22.2	1.3	100.0

收入群体		2014 年			
	收入群体	低收入群体	中等收入群体	高收入群体	合计
2016 年	高收入群体	0.6	0.5	0.1	1.2
	中等收入群体	13.5	7.8	0.1	21.4
	低收入群体	71.8	5.5	0.1	77.4
	合计	85.9	13.8	0.3	100.0
收入群体		2012 年			
	收入群体	低收入群体	中等收入群体	高收入群体	合计
2014 年	高收入群体	0.2	0.1	0.0	0.3
	中等收入群体	8.9	5.3	0.1	14.3
	低收入群体	78.7	6.4	0.2	85.3
	合计	87.8	11.8	0.3	100.0
收入群体		2010 年			
	收入群体	低收入群体	中等收入群体	高收入群体	合计
2012 年	高收入群体	0.3	0.1	0.0	0.4
	中等收入群体	9.2	2.9	0.0	12.1
	低收入群体	83.6	3.9	0.1	87.6
	合计	93.1	6.9	0.1	100.0

注：两年之间均可追踪的家庭占比约为 90%，因此本表不具有严格意义上的全国代表性，但具有较强的参考性。

2012~2014 年，全国 8.9%的家庭成功实现了"提低"，5.3%的家庭实现了"稳中"。但是，有 78.7%的家庭仍然处于低收入群体的位置，6.4%则由中等收入群体退为低收入群体。"提低"的家庭占比高于从中等收入群体滑落为低收入群体的占比，中等收入群体实现扩大。

2014~2016 年，全国 13.5%的家庭成功实现了"提低"，7.8%的家庭保持"稳中"。但是，有 71.8%的家庭仍然处于低收入群体的位置，5.5%的中等收入群体滑落为低收入群体。"提低"的家庭占比高于从中等收入群体滑落为低收入群体的占比，中等收入群体实现扩大。

2016~2018 年，全国 13.4%的家庭成功实现了"提低"，14.6%的家庭保持"稳中"。但是，有 62.8%的家庭仍然处于低收入群体的位置，有 6.8%的中等收入群体滑落为低收入群体。"提低"的家庭占比高于从中等收入群体滑落为低收入群体的占比，中等收入群体实现扩大。

2018~2020 年，全国 12.6%的家庭成功实现了"提低"，19.8%的家庭保持"稳中"。但是，有 56.6%的家庭仍然处于低收入群体的位置，有

8.1%的中等收入群体滑落为低收入群体。"提低"的家庭占比高于从中等收入群体滑落为低收入群体的占比,中等收入群体实现扩大。

2020~2022 年,全国 13.5%的家庭成功实现了"提低",24.7%的家庭保持"稳中"。但是,有 50.3%的家庭仍然处于低收入群体的位置,有 7.6%的中等收入群体滑落为低收入群体。"提低"的家庭占比高于从中等收入群体滑落为低收入群体的占比,中等收入群体实现扩大。

可以看到,第一,扩大中等收入群体是一个动态增长的过程,中等收入群体和低收入群体之间的流动性较强。基于 CFPS 数据,2010~2022 年,每间隔两年实现由低收入群体成为中等收入群体(即"提低")的比例分别为 9.2%、8.9%、13.5%、13.4%、12.6%、13.5%,每间隔两年从中等收入群体滑落为低收入群体的比例分别为 3.9%、6.4%、5.5%、6.8%、8.1%、7.6%。从"扩中"净效果的角度来看,历年"提低"的人口占比必须高于从中等收入群体中滑出者的占比,中等收入群体的规模才能呈现上升的趋势。

第二,"提低"和"稳中"在"扩中"的不同阶段的重要性有所变化,随着中等收入群体的扩大,"稳中"的重要性增强。在中等收入群体占比较低时,"扩中"的关键在于"提低",2010~2012 年,"提低"的占比为 9.2%,但"稳中"的占比仅为 3.9%;随着中等收入群体的扩大,"扩中"需要兼顾"提低"和"稳中",2020~2022 年,"提低"的占比为 13.5%。"稳中"的占比为 24.7%;当中等收入群体占比较高时,"扩中"的主要任务转变为"稳中",2010~2022 年,每间隔两年实现"稳中"的比例分别为 2.9%、5.3%、7.8%、14.6%、19.8%、24.7%,可以看出"稳中"的占比不断增长。

2010~2022 年不同收入群体之间的流动情况(桑基图)见图 6-1。从收入分配和收入阶层流动的角度来看,影响中等收入群体规模的主要路径有三个:一是促进低收入群体收入上升,使其实现向上流动并进入中等收入群体(即"提低");二是降低中等收入群体的脆弱性,稳固其地位,避免其因受到收入冲击而滑出中等收入群体(即"稳中");三是强化收入监管机制,对高收入群体的不合理的收入增长予以适当调节,取缔非法收入(即"调高"),虽然本节未对其展开具体描述,但并不能否认其重要性。从社会经济运行的角度来看,有效推动"提低""稳中""调高",归根结底需要实现低收入群体增收并跨越中等收入群体口径下限,同时稳固中等收入群体的收入水平，避免其收入低于中等收入群体口径下限，适当调节高收入群体的收入增长速度。

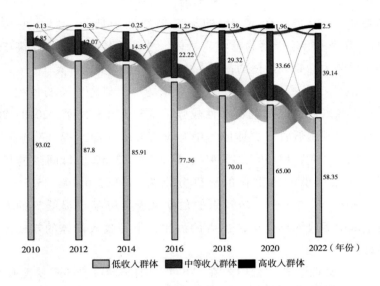

图 6-1　2010~2022 年不同收入群体之间的流动情况 （桑基图）

注：由于流动情况测算需保证样本至少在每两年之间同时存在，因此各收入群体占比与第三章测算结果略有差别，但不影响基本结论；单位为%。

资料来源：CFPS，下同。

第二节　收入阶层流动的影响因素分析

一　实证策略与变量说明

在探究收入阶层流动的影响因素时，因变量为家庭的收入层级变化是否实现"扩中"。由于我国现阶段低收入群体占比仍然较高，中等收入群体和低收入群体之间的流动性较强，扩大中等收入群体主要依靠低收入群体向中等收入群体迈进（即"提低"）和中等收入群体自身收入地位的保持（即"稳中"）。由前文可知，"提低"和"稳中"两者都是"扩中"的来源。因此分两种情况对"扩中"进行识别：某家庭在跨年变化中由低收入群体成为中等收入群体或保持中等收入群体不变，则其实现"扩中"，赋值为 1；某家庭在跨年变化中仍然保持为低收入群体或由中等收入群体变为低收入群体，则其未实现"扩中"，赋值为 0。由于因变量为 0-1 二值变量，建立如下 Probit 模型：

$$Probit(\ mig_{ijt})\ =\beta_0+\beta_1^{'}X_{ijt}+u_t+\varphi_j+\varepsilon_{ijt} \tag{6-1}$$

式（6-1）中，mig_{ijt} 表示 j 地区第 i 个家庭在第 t 年是否实现"扩中"，是基准回归的被解释变量。X_{ijt} 表示在 j 地区第 i 个家庭在第 t 年影响"扩中"的变量，在户主层面，选择户主的户口、性别、年龄、婚姻状况、受教育程度、健康程度；在家庭层面，进一步选择家庭人口、儿童抚养比、老年抚养比；在地区层面，将家庭所在地区的 GDP 纳入模型，以考虑经济发展程度对"扩中"的影响。u_t 表示年份固定效应，φ_j 表示地区固定效应，ε_{ijt} 为随机扰动项。

本部分按照通行的方法对 CFPS 数据进行处理：①把家庭财务回答人作为家庭的代表性个体，简便起见，视为户主；②对户主、家庭层面主要特征无法识别的少量样本进行删除，同时剔除无法观察到跨年收入变化的家庭，最终得到基于 14134 个家庭的 45735 个观测值；③一般而言，家庭人口数与家庭总收入之间显著正相关，人均收入标准更能反映人口规模因素外家庭的实际经济状况，所以在基准回归以外的其他分析中把人均收入标准作为主要参考。

统计性描述如表 6-2 所示，观测值为 45735 个。户主层面，27% 为非农业户口，53% 为男性，平均年龄 50.34 岁，84% 有配偶，平均受教育年限为 7.94 年，平均健康分数为 2.89 分。家庭平均人口规模为 3.71 人，儿童抚养比平均为 0.09，老年抚养比平均为 0.27。

表 6-2　统计性描述（N=45735）

变量名称	变量定义	均值	标准差	最小值	最大值
户主户口	非农业=1，农业=0	0.27	0.44	0.00	1.00
户主性别	男=1，女=0	0.53	0.50	0.00	1.00
户主年龄	年龄	50.34	14.64	16.00	95.00
户主婚姻状况	有配偶=1，无配偶=0	0.84	0.37	0.00	1.00
户主受教育程度	受教育年限	7.94	4.68	0.00	22.00
户主健康程度	1~5分，分数越高，越健康	2.89	1.21	1.00	5.00

续表

变量名称	变量定义	均值	标准差	最小值	最大值
家庭人口	家庭人口规模	3.71	1.90	1.00	21.00
儿童抚养比	16岁及以下的人口/家庭人口	0.09	0.15	0.00	0.83
老年抚养比	60岁及以上的人口/家庭人口	0.27	0.37	0.00	1.00
经济发展程度	GDP（对数）	10.90	0.42	10.18	12.16

二　基准分析

表6-3报告了使用Probit模型分析扩大中等收入群体影响因素的基准回归结果。表6-3中第（1）~（2）列的被解释变量为当以家庭年收入为10万~50万元测度中等收入群体时家庭是否实现"扩中"，第（3）~（4）列的被解释变量为当以人均可支配收入为33333~166667元测度中等收入群体时家庭是否实现"扩中"。可以看出，无论使用家庭收入标准还是人均收入标准，户主具有非农业户口、受教育程度更高、更加健康，均会显著提升整个家庭实现"扩中"的概率。家庭整体特征的变量也有助于解释"扩中"，如儿童抚养比或老年抚养比较高，均会显著降低整个家庭实现"扩中"的概率；就家庭规模而言，在家庭收入标准下，家庭人口越多，越有利于实现"扩中"，但在人均收入标准下，家庭人口越少，越有利于实现"扩中"，这是由于家庭人口数量与劳动力供给密切相关，家庭规模越大越容易达到10万元的家庭收入标准，但家庭人口数越少，越容易达到33333元的人均收入标准。

表6-3　扩大中等收入群体的影响因素的回归结果（Probit基准）

变量	家庭收入标准		人均收入标准	
	（1）	（2）	（3）	（4）
户主户口	0.1186 ***	0.1304 ***	0.1357 ***	0.1262 ***
	(0.0188)	(0.0184)	(0.0184)	(0.0187)
户主性别	-0.0008	-0.0017	0.0049	0.0019
	(0.0053)	(0.0060)	(0.0048)	(0.0043)

续表

变量	家庭收入标准		人均收入标准	
	（1）	（2）	（3）	（4）
户主年龄	-0.0013 *** (0.0004)	0.0003 (0.0003)	-0.0009 ** (0.0004)	-0.0007 ** (0.0003)
户主婚姻状况	0.1257 *** (0.0106)	0.0548 *** (0.0095)	-0.0605 *** (0.0066)	0.0063 (0.0058)
户主受教育程度	0.0159 *** (0.0010)	0.0171 *** (0.0010)	0.0169 *** (0.0012)	0.0152 *** (0.0012)
户主健康程度	0.0085 *** (0.0022)	0.0081 *** (0.0025)	0.0076 *** (0.0022)	0.0083 *** (0.0020)
家庭人口		0.0419 *** (0.0035)		-0.0372 *** (0.0027)
儿童抚养比		-0.1446 *** (0.0182)		-0.1744 *** (0.0163)
老年抚养比		-0.1023 *** (0.0109)		-0.0549 *** (0.0100)
经济发展程度	0.0133 (0.0259)	0.0066 (0.0286)	0.0028 (0.0298)	0.0053 (0.0280)
年份固定效应	是	是	是	是
地区固定效应	是	是	是	是
观测值	45735	45735	45735	45735
Pseudo R²	0.1456	0.1868	0.1876	0.2245

注：表中系数均为基于 Probit 的回归结果，汇报的是边际效应；括号中数据为聚类到省区市的标准误，*** $p<0.01$，** $p<0.05$。

如表 6-4 所示，在其他条件不变的情况下，户主为非农业户口对于"提低""稳中"均有显著的促进作用；户主性别对"提低""稳中"的影响不显著；户主年龄越大，越不利于"提低"，这主要是因为"提低"的对象为低收入群体，低收入群体年龄越大，越难以获取劳动收入；户主婚姻状况对"提低"的影响不显著，但有利于"稳中"；户主受教育程度越高，越有利于"提低""稳中"；户主健康程度越高，越有利于"提低"，但对"稳中"的影响不显著；在人均收入标准下，家庭人口越多，越不利于"提低""稳中"；儿童抚养比或老年抚养比越高，均越不利于"提低""稳中"。

表 6-4 扩大中等收入群体——"提低"与"稳中"的回归结果（人均收入标准）

人均收入标准变量	"提低"		"稳中"	
	（1）	（2）	（3）	（4）
户主户口	0.0910 ***	0.0840 ***	0.1936 ***	0.1884 ***
	（0.0127）	（0.0134）	（0.0199）	（0.0194）
户主性别	0.0056	0.0029	0.0138	0.0097
	（0.0044）	（0.0036）	（0.0110）	（0.0115）
户主年龄	−0.0015 ***	−0.0013 ***	0.0006	0.0005
	（0.0003）	（0.0003）	（0.0006）	（0.0004）
户主婚姻状况	−0.0623 ***	−0.0051	−0.0329 *	0.0307 *
	（0.0059）	（0.0046）	（0.0179）	（0.0165）
户主受教育程度	0.0121 ***	0.0108 ***	0.0211 ***	0.0196 ***
	（0.0010）	（0.0010）	（0.0024）	（0.0023）
户主健康程度	0.0081 ***	0.0090 ***	−0.0004	0.0000
	（0.0019）	（0.0018）	（0.0044）	（0.0042）
家庭人口		−0.0315 ***		−0.0361 ***
		（0.0027）		（0.0064）
儿童抚养比		−0.1516 ***		−0.1989 ***
		（0.0169）		（0.0448）
老年抚养比		−0.0515 ***		−0.0427 **
		（0.0088）		（0.0184）
经济发展程度	0.0109	0.0128	−0.0242	−0.0197
	（0.0208）	（0.0197）	（0.0418）	（0.0405）
年份固定效应	是	是	是	是
地区固定效应	是	是	是	是
观测值	36370	36370	9365	9365
Pseudo R^2	0.1414	0.1838	0.2105	0.2268

注：表中系数均为基于 Probit 的回归结果，汇报的是边际效应；括号中数据为聚类到省区市的标准误，*** $p<0.01$，** $p<0.05$，* $p<0.1$。

第三节 收入阶层流动的主观预期分析

本研究基于 2022 年收集的数据（与此部分相关的问卷设计详见附录）及 CFPS 以往积累的追踪数据对中等收入群体主观认同情况等进行初步分析。

一 跌出中等收入群体的可能性分析

为了进一步探讨居民对收入阶层的稳定性和脆弱性的预期及其影响因素,我们对自我认同属于中等收入家庭的受访者,继续追问其对未来两年内跌出中等收入群体可能性的预期及其原因;对于自我认定为非中等收入家庭的受访者,则询问其对未来两年内进入该群体可能性的预期及其原因。

(一)跌出中等收入群体的可能性统计描述

为进一步了解受访者对自身收入地位稳固程度的判断,我们对自认为是中等收入群体的受访者进一步追问"根据过去的经验,您觉得未来两年内您家跌出中等收入群体行列的可能性有多大?"在4084位回答了该问题的受访者中,21.6%认为未来两年内非常可能/比较可能跌出中等收入群体行列;认为不太可能/绝无可能跌出中等收入群体行列的占比为44.4%;另有34.0%的受访者表示不好说(见图6-2)。

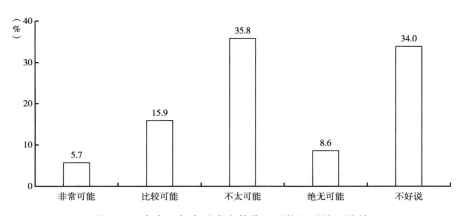

图6-2 未来两年内跌出中等收入群体行列的可能性

分城乡来看,如表6-5所示,在城镇居民中,二成(20.0%)的居民认为未来两年内非常可能/比较可能跌出中等收入群体行列;约五成(51.2%)的居民认为未来两年内不太可能/绝无可能跌出中等收入群体行列;另有约三成(28.8%)的受访者表示不好说;在农村居民中,超过二成(22.7%)的居民认为未来两年内非常可能/比较可能跌出中等收入群体行列；约四成（41.0%）的居民认为未来两年内不太可能/绝无可能跌出中等收入群体行列；另有约 1/3（36.3%）的受访者表示不好说。

相比而言，对于主观评价属于中等收入群体的受访者而言，无论是城镇居民还是农村居民，认为未来两年内不太可能/绝无可能跌出中等收入群体行列的占比约为一半，两成左右对保有中等收入群体地位较为悲观。在自认为属于中等收入群体的内部，农村居民中不好说是否两年内能保持这一地位的占比较城镇居民高 7.5 个百分点。

表 6-5　未来两年内跌出中等收入群体行列的可能性（分城乡）

单位：位，%

	城镇	农村
非常可能	74（5.2）	132（6.0）
比较可能	209（14.8）	370（16.7）
不太可能	572（40.5）	744（33.6）
绝无可能	151（10.7）	164（7.4）
不好说	407（28.8）	804（36.3）

注：括号外数据为受访者数量，括号内数据为受访者占比，表 6-7、表 6-8、表 6-10、表 6-11、表 6-12、表 6-13 同。

按照受教育程度进行分组，总体来看，目前主观评价属于中等收入群体的受访者，无论受教育程度如何，均认为未来两年内不太可能/绝无可能跌出中等收入群体行列的比例相对非常可能/比较可能的占比更高（见图 6-3）。同时，随着受教育程度的提高，受访者对保有中等收入群体地位的信心越来越强。具体而言，初中及以下受教育程度的居民中，超过二成（22.8%）的居民认为未来两年内非常可能/比较可能跌出中等收入群体行列；四成（40.2%）的居民认为未来两年内不太可能/绝无可能跌出中等收入群体行列；另有接近四成（37.1%）的受访者表示不好说。高中受教育程度的居民中，认为未来两年内非常可能/比较可能跌出中等收入群体行列的比例与受教育程度为初中及以下者相仿，为 22.8%；但认为未来两年内能够保有（即不太可能/绝无可能跌出）中等收入群体行列的占比更高，达到 44.5%；另有不到 1/3（32.6%）的受访者表示不好说。大学及以上受教育程度的居民对维持其中等收入群体地位更为乐观，认为未来两年内非常可能/比较可能跌出中等收入群体行列的比例仅为 16.2%；超过六成（61.3%）的居民认为未来两年内不太可能/绝无可能跌出中等收入群体行列；另有不足 1/4（22.5%）的受访者表示不好说。

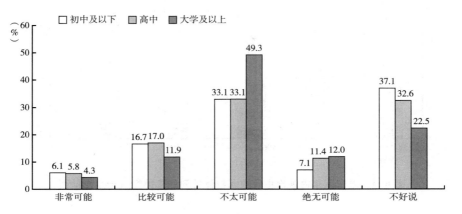

图 6-3 未来两年内跌出中等收入群体行列的可能性（分受教育程度）

分出生队列来看，认为自身属于中等收入群体的人中，较为一致地显示出四成至六成认为未来两年内不太可能/绝无可能跌出中等收入群体行列，并且"50 前"［（含 1950 年）1950s 前］出生队列组占比最高（见图 6-4）。其他出生队列组认为可能跌出的悲观预期所占比重均超过或等于二成，而对保有中等收入群体地位的预期存在的不确定性（"不好说"）均在三成以上，尤以"60 后"（1960s～1970s）和"70 后"（1970s～1980s）为甚，占比超过 1/3（35%）。

按照收入进行分组，自认为属于中等收入群体的人中，认为未来两年内不太可能/绝无可能跌出中等收入群体行列的占比为 36.5%～56.5%（见图 6-5），实际收入水平越高，对保有中等收入群体地位的预期越乐观，不确定性越低，认为可能跌出该群体的占比越低。

（二）跌出中等收入群体的可能性原因分析

为进一步识别导致中等收入群体地位脆弱背后的原因，我们对认为自己属于中等收入群体且预期为比较可能或非常可能的受访者，进一步询问"您认为有可能使您家未来两年内跌出中等收入群体行列的风险主要在哪里？"在 881 位回答了该问题的受访者中，36 位受访者回答不知道或者拒绝回答，剩余 845 位受访者回答了具体的跌出中等收入群体的风险来源；观察

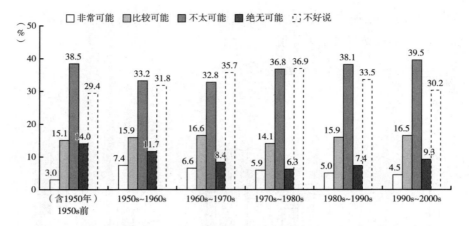

图 6-4 未来两年内跌出中等收入群体行列的可能性（分出生队列）

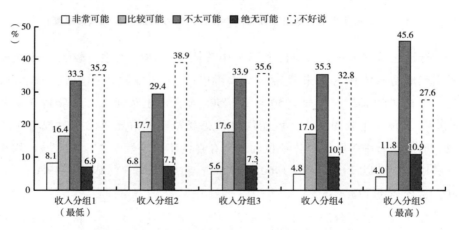

图 6-5 未来两年内跌出中等收入群体行列的可能性（分收入五分组）

对该问题的回答的基本分布后，本研究对关键词进行了提取和分类。

a. 以"疫情"为关键词，筛选后进行观测，经确认，归类为"疫情影响"。

b. 以"年纪大""年龄大""年老""老了"为关键词，筛选后进行观测，经确认，绝大多数归类为"年纪大"。

c. 以"病""医""药"为关键词，筛选后进行观测，经确认，绝大多数归类为"家庭成员疾病与医疗"。

d. 以"收入降低""生意不好""工资""降低"等为关键词，筛选后进行观测，经确认，大多数归类为"对收入不稳定的预期"。

e. 以"失业""工作不好找""没有工作""没有收入""退休"等为关键词，筛选后进行观测，经确认，大多数归类为"家庭成员失业或退休"。

f. 以"上学""学费""读书""教育"等为关键词，筛选后进行观测，经确认，基本可归类为"对教育支出的预期"。

g. 以"种""养""农"等为关键词，筛选后进行观测，经确认，基本可归类为"农业不稳定因素"。

其余部分根据具体情况酌情归类，具体情况分类如表6-6。从问卷结果可以看出，疫情影响、对收入不稳定的预期、年纪大以及家庭成员失业或退休是受访者认为的家庭未来两年内跌出中等收入群体行列的主要风险来源，分别占16.9%、13.8%、13.4%以及12.9%。

表6-6　未来两年内跌出中等收入群体行列的风险来源情况

单位：份，%

您认为有可能使您家未来两年内跌出中等收入群体行列的风险主要在哪里？	问卷数	占比
疫情影响	143	16.9
对收入不稳定的预期	117	13.8
年纪大	113	13.4
家庭成员失业或退休	109	12.9
家庭成员疾病与医疗	75	8.9
对其他支出的预期	73	8.6
农业不稳定因素	68	8.0
其他因素	56	6.6
对教育支出的预期	38	4.5
对宏观环境的预期	24	2.8
物价变化因素	13	1.5
对婚姻支出的预期	9	1.1
对家庭劳动力减少的预期	7	0.8
总计	845	100

二　进入中等收入群体的可能性分析

（一）进入中等收入群体的可能性统计描述

对认为自己不属于中等收入群体的受访者，我们询问了"根据过去的经验，您觉得未来两年内您家进入中等收入群体行列的可能性有多大?"问卷结果显示,认为未来两年内非常可能/比较可能进入中等收入群体行列的受访者占比不足三成(27.3%);认为不太可能/绝无可能进入中等收入群体行列的受访者占比约为2/3(66.7%);另有少量(6.0%)受访者表示"不好说"(见图6-6)。

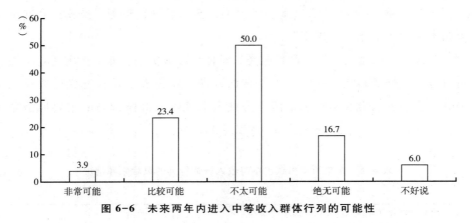

图6-6 未来两年内进入中等收入群体行列的可能性

分城乡来看,主观评价不属于中等收入群体的受访者认为未来两年内跌出中等收入群体行列的可能性较为相似。结果如表6-7所示,无论是城镇居民还是农村居民,认为未来两年内不太可能/绝无可能进入中等收入群体行列的占比约为2/3,分别为66.9%和66.3%;认为未来两年内可能进入中等收入群体行列的占比均略低于三成,分别为28.7%和27.3%;城镇居民对未来两年内可能进入中等收入群体行列的信心稍高。

表6-7 未来两年内进入中等收入群体行列的可能性(分城乡)

单位:位,%

	城镇	农村
非常可能	102(4.3)	123(3.8)
比较可能	584(24.4)	764(23.5)
不太可能	1199(50.2)	1647(50.7)
绝无可能	398(16.7)	508(15.6)
不好说	107(4.5)	207(6.4)

按照受教育程度进行分组,总体而言,主观评价不属于中等收入群体的受访者,无论受教育程度如何,认为未来两年内不太可能/绝无可能进入

中等收入群体行列的比例均超过六成；值得注意的是，受教育程度较高的
人，对未来两年内进入中等收入群体行列稍显乐观。具体而言，如表 6-8
所示，受教育程度为初中及以下的受访者中，约 1/4（24.9%）的居民认为
未来两年内非常可能/比较可能进入中等收入群体行列；约 2/3（67.7%）
的居民认为未来两年内不太可能/绝无可能进入中等收入群体行列；另有不
足一成（7.4%）的受访者表示不好说。高中受教育程度的居民中，近三成
（28.8%）的居民认为未来两年内非常可能/比较可能进入中等收入群体行
列；同样约 2/3（67.6%）的居民认为未来两年内不太可能/绝无可能进入
中等收入群体行列；另有 3.6% 的受访者表示不好说。大学及以上受教育程
度的居民中，超过 1/3（36.1%）的居民认为未来两年内非常可能/比较可
能进入中等收入群体行列；约六成（61.7%）的居民认为未来两年内不太
可能/绝无可能进入中等收入群体行列；另有 2.3% 的受访者表示不好说。

表 6-8　未来两年内进入中等收入群体行列的可能性（分受教育程度）

单位：位，%

	初中及以下	高中	大学及以上
非常可能	118（3.4）	53（4.7）	52（4.7）
比较可能	749（21.5）	270（24.1）	346（31.4）
不太可能	1750（50.3）	583（52.0）	544（49.4）
绝无可能	604（17.4）	175（15.6）	135（12.3）
不好说	257（7.4）	40（3.6）	25（2.3）

　　分出生队列来看，认为未来两年内不太可能/绝无可能进入中等收入群
体行列在各出生队列中的占比为 54.6% ~ 77.6%（见图 6-7）。值得注意的
是，较为年轻的人群对未来两年内可能进入中等收入群体行列的信心较高。
　　按照收入水平进行分组，同收入水平的人群，认为未来两年内不太可
能/绝无可能进入中等收入群体行列的占比为六成至八成（见图 6-8）；但
收入水平较高的人群，对未来两年内进入中等收入群体行列更有信心。

（二）进入中等收入群体的可能性原因分析

　　对认为自己不属于中等收入群体但认为比较可能或非常可能进入这

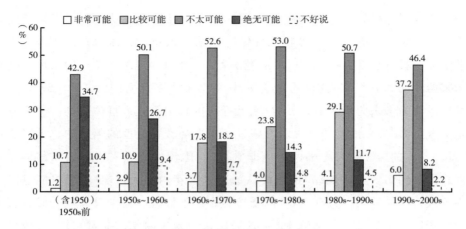

图 6-7　未来两年内进入中等收入群体行列的可能性（分出生队列）

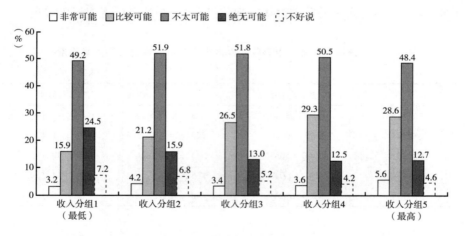

图 6-8　未来两年内进入中等收入群体行列的可能性（分收入五分组）

一群体的受访者，我们还询问了"您认为有可能使您家未来两年内进入中等收入群体行列的机会主要在哪里？"，共有 1767 位受访者进行了回答，其中，43 位受访者回答不知道或拒绝回答，1724 位受访者对进入中等收入群体的机会来源做出了具体回答；观察对该问题的回答的基本分布后，本研究对关键词进行了提取和分类。

a. 以"打工""工作""工资""加薪""升职"等为关键词，筛选后进行观测，经确认，大多数归类为"对工作机会的预期"。

b. 以"努力""拼搏""奋斗""考""自己""挣钱"等为关键词，筛选后进行观测，经确认，大多数归类为"对个人奋斗的主观预期"。

c. 以"创业""经营""店""生意"等为关键词，筛选后进行观测，经确认，大多数归类为"对创业、经营收入的预期"。

d. 以"种""养""农"等为关键词，筛选后进行观测，经确认，基本可归类为"对农业收入的预期"。

e. 以"孩子""小孩""儿子""女儿""儿女"等为关键词，筛选后进行观测，经确认，其中大部分可归类为"对子代毕业、参与工作的预期"。

f. 以"国家""政策""政府"等为关键词，筛选后进行观测，经确认，基本可归类为"对国家政策的认知与预期"。

g. 以"疫情"等为关键词，筛选后进行观测，经确认，基本可归类为"对疫情结束的预期"。

h. 以"经济""社会""未来"等为关键词，筛选后进行观测，经确认，基本可归类为"对宏观环境的预期"。

对问卷结果进行分析得出，"对工作机会的预期"被认为是未来两年内进入中等收入群体行列的主要机会来源，占比为45.6%；"对个人奋斗的主观预期"和"对创业、经营收入的预期"分别占13.6%和11.0%（见表6-9）。

表6-9　未来两年内进入中等收入群体行列的机会来源

单位：份，%

您认为有可能使您家未来两年内进入中等收入群体行列的机会主要在哪里？	问卷数	占比
对工作机会的预期	786	45.6
对个人奋斗的主观预期	234	13.6
对创业、经营收入的预期	189	11.0
对子代毕业、参与工作的预期	155	9.0
对农业收入的预期	109	6.3
其他	90	5.2
对疫情结束的预期	47	2.7
对国家政策的认知与预期	36	2.1
对负债、支出减少的预期	30	1.7
对宏观环境的预期	25	1.5
对退休金收入的预期	14	0.8
对家庭劳动力增加的预期	9	0.5
总计	1724	100

三 学历教育对于中等收入群体流动性的影响

我们对"您认为学历教育对于您家获得当前的收入作用有多大?"与"未来两年内您家跌出中等收入群体行列的可能性有多大?"这两个问题进行交叉分析。总体来看,不管对学历教育影响当前收入的看法如何,认为未来两年内不会跌出中等收入群体的居民占比均高于认为会跌出或不确定的比例。具体来看,对于认为学历教育对于家庭获得当前收入作用的影响非常大/比较大的居民,44.9%认为不太可能/绝无可能跌出中等收入群体,相对其他两组居中,23.9%认为未来非常可能/比较可能跌出中等收入群体,较其他两组更高;对于认为学历教育对于家庭获得当前收入作用的影响一般的居民,42.5%认为不太可能/绝无可能跌出中等收入群体,18.1%认为未来非常可能/比较可能跌出中等收入群体,两者均为各组最低,但对保有中等收入群体地位的不确定性最高,接近四成(39.5%);对于认为学历教育对于家庭获得当前收入作用的影响比较小/很小的群体中,49.9%认为不太可能/绝无可能跌出中等收入群体,保持中等收入地位的信心最强,21.0%认为未来非常可能/比较可能跌出中等收入群体,比例居中(见表6-10)。

表6-10 学历教育与未来两年内跌出中等收入群体行列可能性之间的交叉分析结果

单位:位,%

跌出可能性	您认为学历教育对于您家获得当前的收入作用有多大?		
	非常大/比较大	一般	比较小/很小
非常可能	120 (6.4)	56 (4.9)	32 (5.1)
比较可能	328 (17.5)	152 (13.2)	100 (15.9)
不太可能	676 (36.0)	405 (35.1)	249 (39.6)
绝无可能	168 (8.9)	85 (7.4)	65 (10.3)
不好说	586 (31.2)	456 (39.5)	183 (29.1)

为探究学历教育与主观评价自身不属于中等收入群体的居民未来两年内进入中等收入群体可能性的关系,我们对"您认为学历教育对于您家获得当前的收入作用有多大?"与"未来两年内您家进入中等收入群体行列

的可能性有多大？"这两个问题进行交叉分析。总体来看，主观评价自身不属于中等收入群体的居民，普遍对未来两年内能够进入中等收入群体的信心不足。具体来说，对学历教育对于家庭获得当前收入作用的影响持"非常大／比较大"以及"一般"态度的居民中，超六成认为未来两年内不太可能／绝无可能进入中等收入群体，而持"比较小／很小"态度的居民中则有近八成，占比更高。但相对来看，在认为学历教育对于家庭获得当前收入作用的影响非常大／比较大的居民中，超三成认为未来两年内非常可能／比较可能进入中等收入群体，明显高于持"一般"（26.6%）和"比较小／很小"（17.1%）态度的居民（见表6-11）。

表6-11　学历教育与未来两年内进入中等收入群体行列可能性之间的交叉分析结果

单位：位，%

进入可能性	您认为学历教育对于您家获得当前的收入作用有多大？		
	非常大／比较大	一般	比较小／很小
非常可能	145（5.2）	50（3.2）	30（2.3）
比较可能	807（28.8）	367（23.4）	195（14.8）
不太可能	1354（48.4）	850（54.2）	676（51.1）
绝无可能	367（13.1）	184（11.7）	351（26.6）
不好说	127（4.5）	116（7.4）	70（5.3）

四　生活水平改善与中等收入群体主观认同

为更好地分析生活水平改善程度与主观评价自身属于中等收入群体且认为未来两年内跌出中等收入群体可能性之间的关系，我们对"您觉得您过去两年的家庭生活水平有多大程度改善？"与"未来两年内您家跌出中等收入群体行列的可能性有多大？"这两个问题进行交叉分析。总体来看，对于认为未来两年内"不太可能／绝无可能"跌出中等收入群体以及持"不好说"态度的居民，过去两年的家庭生活水平"保持不变"的比例较高；对于认为未来两年内"不太可能／绝无可能"跌出中等收入群体的居民，过去两年的家庭生活水平有"大幅／小幅改善"的占比更高。

具体来说，对于认为未来两年内"非常可能／比较可能"跌出中等收入群体的居民，过去两年的家庭生活水平"大幅/小幅改善"和"保持不变"的比例大致相同，分别为42.6%和43.1%，认为"小幅/大幅下降"的占比为14.3%；对于认为未来两年内"不太可能/绝无可能"跌出中等收入群体的居民，过去两年的家庭生活水平"大幅/小幅改善"的占比（48.5%）明显高于"保持不变"（45.7%）和"小幅/大幅下降"（5.8%）；对于对未来两年内跌出中等收入群体持"不好说"态度的居民，过去两年的家庭生活水平"保持不变"的比例（50.0%）高于"大幅/小幅改善"（41.2%）和"小幅/大幅下降"（8.8%）（见表6-12）。

表6-12　过去两年的家庭生活水平改善程度与未来两年内跌出
中等收入群体的可能性之间的交叉分析结果

单位：位，%

生活水平	未来两年内跌出中等收入群体的可能性		
	非常可能/比较可能	不太可能/绝无可能	不好说
大幅/小幅改善	89（42.6）	646（48.5）	511（41.2）
保持不变	90（43.1）	610（45.7）	621（50.0）
小幅/大幅下降	30（14.3）	77（5.8）	109（8.8）

　　我们对"您觉得您过去两年的家庭生活水平有多大程度改善？"与"未来两年内您家进入中等收入群体行列的可能性有多大？"这两个问题进行交叉分析，以便更好地了解生活水平改善程度与主观评价自身不属于中等收入群体且认为未来两年内进入中等收入群体可能性之间的关系。对问卷结果的分析表明，对于认为未来两年内"非常可能/比较可能"进入中等收入群体的居民，过去两年的家庭生活水平"大幅/小幅改善"的占比最高；对于认为未来两年内"不太可能/绝无可能"进入中等收入群体或持"不好说"态度的居民，过去两年的家庭生活水平"保持不变"的比例较高。

　　具体来说，对于认为未来两年内"非常可能/比较可能"进入中等收入群体的居民，九成以上认为过去两年的家庭生活水平"大幅/小幅改善"（55.3%）和"保持不变"（36.2%），而认为"小幅/大幅下降"仅占8.5%。对于认为未来两年内"不太可能/绝无可能"进入中等收入群体以及持"不好说"态度的居民，均有八成左右认为过去两年的家庭生活水平"大幅/小幅改善"（30.9%、35.1%）和"保持不变"（51.5%、51.1%），而认为有"小幅/大幅下降"的居民占比在两分组之间有所不同，前者有 17.6% 的居民认为过去两年的家庭生活水平"小幅/大幅下降"，后者则占 13.8%。

表 6-13　过去两年的家庭生活水平改善程度与未来两年内进入
中等收入群体的可能性之间的交叉分析结果

生活水平	未来两年内进入中等收入群体的可能性		
	非常可能/比较可能	不太可能/绝无可能	不好说
大幅/小幅改善	885（55.3）	1177（30.9）	114（35.1）
保持不变	579（36.2）	1964（51.5）	166（51.1）
小幅/大幅下降	136（8.5）	669（17.6）	45（13.8）

第四节　收入增长与扩大中等收入群体

收入分配是经济发展成果如何在不同阶层进行分配的重大事宜，是经济学研究无法规避的核心议题。但需要先厘清收入增长与收入分配结构优化之间的关系。收入增长和收入分配结构优化是两个独立但相关的概念。收入增长指的是经济体内个人或群体收入总量的增加，而收入分配结构优化则是指收入在不同社会群体、地区或行业之间分配的合理性和公正性的提升。尽管收入增长为收入分配结构优化提供了物质基础，但收入增长本身并不直接等同于收入分配结构优化。

首先，收入增长对收入分配的影响是复杂和多维度的。收入增长可能来源于不同的经济部门和群体，如工资、利润、租金等。如果这些增长在不同群体间分布不均，那么即使总收入增长，也可能导致收入分配进一步不平等。例如，当经济增长主要由少数富裕群体或地区驱动时，其收入可能会大幅增长，而较低收入群体或地区的收入增长可能相对有限，从而加剧收入分配的不平等。

其次，政策环境、社会制度、经济结构和人口特征等因素也会对收入分配结构优化产生影响。这些因素可以独立于经济增长而变化，并决定收入在不同群体间的分配方式。因此，即使经济增长带来收入增长，但如果这些因素没有得到适当的调整和改善，那么也可能无法实现收入分配结构优化。

因此，收入增长不一定会实现收入分配优化。但一般而言，收入增长是收入分配结构优化的前提和基础。只有收入水平不断提高，才有可能实现收入分配结构优化。然而，收入增长并不必然导致收入分配结构优化。如果收入增长主要来源于单一渠道或集中在少数群体、地区、行业，就可能导致收入差距扩大和收入分配结构不合理。因此，在追求收入增长的同时，也要注重收入分配结构优化。

同理，扩大中等收入群体并不是简单的收入增长问题，两个问题在研究逻辑上并不完全一致，明确两者的联系与区别有助于更好地理解"扩中"目标的实现方式。实际上，收入增长与扩大中等收入群体都聚焦提高居民的经济水平和生活质量。居民收入的增长是扩大中等收入群体的基础，而中等收入群体的扩大则是居民收入增长的具体体现和结果；居民收入的增长可以带动更多的人进入中等收入群体，而中等收入群体的扩大又可以进一步推动居民收入整体增长，两者之间存在相互促进的关系。

居民收入增长主要关注居民收入总量及人均可支配收入的增长情况，影响因素包括经济发展、就业状况、物价水平、政策扶持等。一般而言，通过促进经济增长、扩大就业、稳定物价、加强政策扶持等措施可以提高居民的收入水平。

不同于直观的收入增长，扩大中等收入群体更加聚焦收入分配结构优化，其是收入分配结构优化的重要评价维度。扩大中等收入群体更侧重于居民收入分配结构的改善和收入水平分布的均衡，因此要关注中等收入群体在总人口中的比重的提高和数量的增加。扩大中等收入群体的影响因素包括产业结构、就业结构、分配制度、社会保障等。一般而言，可以通过优化产业结构、调整就业结构、改革分配制度、完善社会保障体系等来促进中等收入群体扩大。

如表 6-14 和图 6-9 所示，收入增长是"扩中"的"提低"路径的必要非充分条件，低收入群体收入增长后未必会成为中等收入群体，必须跨过中等收入下限。当然，收入增长也是"扩中"的"稳中"路径的充分非必要条件，中等收入群体收入增长基本可使其继续稳定保持中等收入水平，收入降低后，其未必会成为低收入群体（只要没降至中等收入下限）。因此，低收入群体在收入增长过程中保持更高的收入增速才能实现中等收入群体扩大。此外，"提低"和"稳中"在不同阶段应有不同的侧重，当中等收入群体占比较低时，政府和社会应该采取措施，重点关注提高低收入群体的收入水平。随着中等收入群体占比的提高，社会应当更加注重稳定中等收入群体的经济地位和生活质量。

表6-14　收入增长与扩大中等收入群体的关系情况

收入群体	收入情况	
低收入群体	收入降低	低收入群体
	收入增长（小幅度）	低收入群体
	收入增长（大幅度）	中等收入群体
中等收入群体	收入降低（大幅度）	低收入群体
	收入降低（小幅度）	中等收入群体
	收入增长	中等收入群体

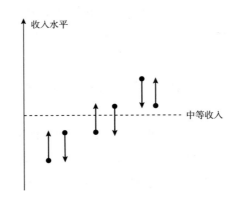

图6-9　收入变化示意

第七章 扩大中等收入的重点群体

2021年，中央财经委员会第十次会议强调，"要着力扩大中等收入群体，抓住重点、精准施策，推动更多低收入人群迈入中等收入行列"。① 这为新发展阶段精准扩大中等收入群体、扎实推动共同富裕进程指明了方向，明确了重点。进城农民工、技术工人、高校毕业生、中小企业主和个体工商户等群体在居民收入分配过程中具备较强的向上流动潜力，其不仅是中等收入群体的重要组成部分，也是未来最有可能进入中等收入群体的人，是"扩中"之重点。因此，对这些重点群体的细致研究将对下一阶段我国通过扩大中等收入群体来实现共同富裕具有重要意义。

第一节 重点群体的划分

《中华人民共和国国民经济和社会发展第十四个五年规划和 2035 年远景目标纲要》将扩大中等收入群体视为优化收入分配结构的重要目标之一，明确提出"实施扩大中等收入群体行动计划"，② 强调以高校和职业院校毕业生、技能型劳动者、进城农民工等为重点，不断提高中等收入群体比重。习近平总书记在 2021 年 10 月发表的《扎实推动共同富裕》一文中指出，扩大中等收入群体要抓住重点、精准施策，"进城农民工是中等收入群体的重要来源"，"技术工人也是中等收入群体的重要组成部分"，"高校毕业生是有望进入中等收入群体的重要方面"，"中小企业主和个体工商户是创业

---

① 习近平主持召开中央财经委员会第十次会议［EB/OL］.（2021-08-17）. https：//www. gov. cn/xinwen/2021/08/17/content_ 5631780. htm.

② 中华人民共和国国民经济和社会发展第十四个五年规划和 2035 年远景目标纲要［EB/OL］.（2021-03-13）. https：//www. gov. cn/xinwen/2021/03/13/content_ 5592681. htm.

致富的重要群体"，"要适当提高公务员特别是基层一线公务员及国有企事业单位基层职工工资待遇"。① 中等收入重点群体的明确有助于从不同群体的特点出发，有针对性地解决收入增长问题，推动更多重点群体进入中等收入群体。

重点人群特征迥异，为其精准画像是分群施策的前提和基础。但由于重点人群的身份识别存在困难，对微观数据广度和代表性要求较高，这制约了对重点人群的研究。本书利用 CFPS 家庭经济库和个人库的相关指标对五类重点人群进行较为精准的识别，并分析其与"扩中"相关的主要特点，以形成对政策着力点的准确认识。由于对关键群体的划分并非标准的职业分类或进行严格互斥的身份认定，因此关键群体之间会有部分交叉，但这不会对不同群体的特征识别造成影响。

由于高校毕业生、技术工人、中小企业主和个体工商户、进城农民工以及基层一线公务员及国有企事业单位基层职工并非按照严格的职业或行业划分标准进行的划分，因此单一个体可能有多重身份（如其可能既是高校毕业生又是技术工人等）。为提升研究的针对性，本章在根据变量对重点群体进行定义及数据处理时，特别把高校毕业生与进城农民工作为身份特征予以互斥；把技术工人、中小企业主和个体工商户、基层一线公务员及国有企事业单位基层职工作为职业特征，保持基本互斥。

五类重点群体的具体定义如下。

• 进城农民工指具有农村户口且常住城市的在业人群。

• 技术工人指职业编码首位数为 6（各类普通技术工人，如 60201 为炼铁人员）的在业人群。

• 高校毕业生指最高学历为大专、本科、硕士及博士且毕业时间在 5 年以内的人群。

• 中小企业主和个体工商户指从事个体私营活动的在业人群。

• 基层一线公务员及国有企事业单位基层职工（以下简称机关企事业单位基层人员）指雇主为政府部门（党政机关、人民团体）、事业单位及国有企业的在业人群，剔除这些部门或单位的负责人。

---

① 习近平. 扎实推动共同富裕 [J]. 求是，2021，（20）：4-8.

第二节　进城农民工

　　进城农民工是中国改革开放和工业化、城镇化进程中涌现的一支新型劳动大军，主要指在城市提供劳动的农村户籍居民，这一概念的产生与户籍制度有着密切关联。进城农民工主要从事非农产业活动，或长期在城市就业，或农闲时节外出短暂务工。根据《2022 年农民工监测调查报告》，2022 年，我国农民工总量为 2.96 亿人，其中，本地农民工为 1.24 亿人，外出农民工为 1.72 亿人。外出农民工中，跨省区市流出 0.71 亿人，中部和西部地区跨省区市流动农民工占外出农民工的比重最高，分别为 55.6%、47.5%。本章在测算时，将具有农村户口且常住城市的在业人群视为进城农民工。

　　如图 7-1 所示，2022 年，在我国进城农民工中，50.1% 为中等收入群体，48.4% 为低收入群体，1.5% 为高收入群体。

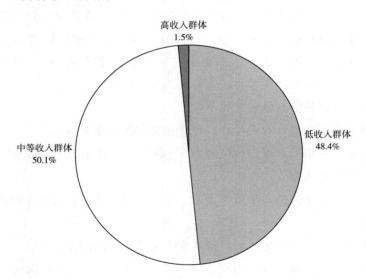

图 7-1　2022 年进城农民工收入情况

资料来源：CFPS，下同。

　　从地区分布的角度看，进城农民工在东部地区的比例最高。2022 年，45.2% 的进城农民工分布在东部地区，中部地区、西部地区均为 23% 左右。

其中，50.6%的中等收入群体分布在东部地区，中部地区、西部地区、东北地区的分布比例分别为22.4%、20.5%、6.5%。低收入群体也主要分布在东部地区（39.3%），中部地区、西部地区、东北地区的分布比例分别为25.1%、26.4%、9.3%。58.0%的高收入群体分布在东部地区，中部地区、西部地区、东北地区的分布比例分别为26.9%、14.5%、0.6%（见图7-2）。

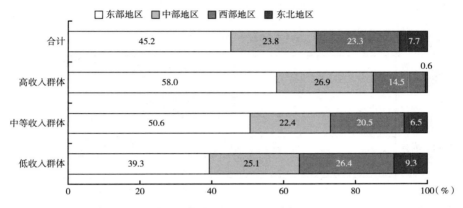

图7-2　2022年进城农民工不同收入群体的地区分布

绝大部分进城农民工身体健康。2022年，80.0%的进城农民工自评身体状况为健康，9%为一般，11%为不健康。其中，85.3%的中等收入群体身体健康，健康状况为非常健康、很健康、比较健康的占比分别为16.8%、17.5%、51.0%。但低收入群体的健康占比仅为74.4%，11.8%健康状况一般，13.8%身体不健康（见图7-3）。

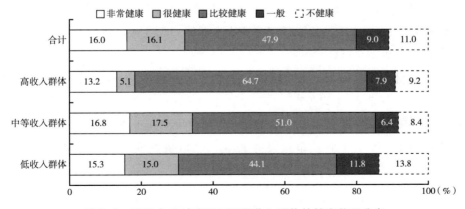

图7-3　2022年进城农民工不同收入群体的健康状况分布

在教育层面，进城农民工总体学历偏低，学历与收入水平呈现明显的正相关关系，学历越高，收入水平越高。2022 年，进城农民工的本科及以上学历占比仅为 7.1%。高中及以上学历占比为 30.0%。中等收入群体的本科及以上学历占比达到 9.9%，高中及以上学历占比达到 36.9%。与此相比，低收入群体的本科及以上学历占比仅为 3.4%，高中及以上学历占比为 21.9%。高收入群体的本科及以上学历占比高达 28.9%，高中及以上学历占比 54.7%（见图 7-4）。

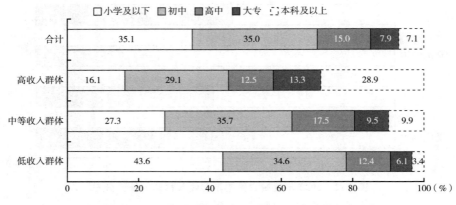

图 7-4　2022 年进城农民工不同收入群体的学历分布

从就业角度来看，2022 年，进城农民工主要为自雇者（43.4%），受雇于私企/个体的占比也较高（38.5%）。中等收入群体中，36.2% 为自雇者（本身为个体工商户或农民），43.2% 受雇于私企/个体，7.4% 受雇于国有企业，4.0% 受雇于事业单位，2.2% 受雇于党政机关。在低收入群体中，50.7% 为自雇者，33.9% 受雇于私企/个体，在国有企业（3.3%）、事业单位（2.3%）、党政机关（1.1%）的占比要低于中等收入群体。高收入群体的自雇占比也超过了 50%（见图 7-5）。

就行业分布而言，2022 年，进城农民工主要从事农林牧渔业（27.4%）、制造业（20.0%）、建筑业（10.0%）工作。① 在中等收入群体中，23.8% 从事制造业工作，18.0% 从事农林牧渔业工作，从事建筑业工作的比例为 10.7%，此外从事批发零售业，住宿餐饮业，交通运输、仓储和

---

① 进城农民工从事农林牧渔业工作的比例较高，可能是因为在对进城农民工进行统计时，其工作不稳定，而视其仍在从事农业劳动。

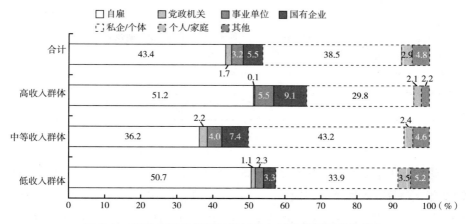

图 7-5　2022 年进城农民工不同收入群体的受雇单位分布

邮政业工作的比例也较高。低收入群体主要从事农林牧渔业（37.7%）、制造业（16.1%）、建筑业（9.3%）工作，此外，从事批发零售业、住宿餐饮业、居民服务和其他服务业工作的比例也较高（见表 7-1）。

表 7-1　2022 年进城农民工不同收入群体的从事行业分布

单位：%

行业	低收入群体	中等收入群体	高收入群体	合计
农林牧渔业	37.7	18.0	14.0	27.4
采矿业	1.1	0.8	0.0	0.9
制造业	16.1	23.8	15.1	20.0
电燃水的生产和供应业	0.6	0.5	0.4	0.6
建筑业	9.3	10.7	8.0	10.0
交通运输、仓储和邮政业	3.7	6.4	4.4	5.1
信息传输、计算机服务和软件业	1.0	1.4	8.7	1.3
批发零售业	7.8	10.4	15.1	9.2
住宿餐饮业	6.6	6.0	9.4	6.3
金融业	1.0	0.9	1.9	0.9
房地产业	1.8	1.6	5.7	1.8
租赁和商务服务业	2.2	2.7	0.0	2.4
科学研究和技术服务业	0.2	1.3	0.0	0.8
水利、环境和公共设施管理业	0.8	1.0	3.3	0.9
居民服务和其他服务业	4.8	4.9	0.0	4.8
教育业	1.6	4.1	5.3	2.9

行业	低收入群体	中等收入群体	高收入群体	合计
卫生、社会保障和社会工作业	1.3	2.3	5.3	1.8
文化、体育和娱乐业	0.6	0.9	2.3	0.8
公共管理和社会组织业	1.8	2.3	1.1	2.1
合计	100.0	100.0	100.0	100.0

进城农民工受雇时享有各类保险的比例较低，通常不足 50%（见图 7-6）。2022 年，中等收入群体受雇时，享有养老保险、医疗保险、失业保险、工伤保险的比例分别为 49.1%、50.4%、41.5%、47.7%。低收入群体受雇时，享有养老保险、医疗保险、失业保险、工伤保险的比例分别为 29.3%、30.2%、21.9%、28.9%，均低于中等收入群体大概 20 个百分点。高收入群体受雇时享有四类保险的比例则均超过 50%。

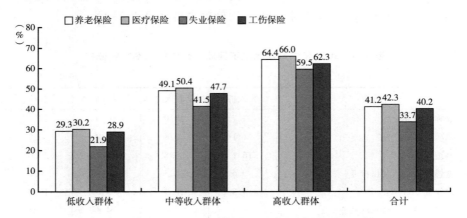

图 7-6　2022 年进城农民工不同收入群体的保险情况分布

表 7-2 显示了进城农民工在幸福感等主观感受方面的情况。进城农民工的幸福感分数在 7 分及以上的比例为 66.4%。其中，中等收入群体的这一比例为 72.0%，低收入群体为 60.4%，高收入群体则为 68.8%。进城农民工的生活满意度分数在 4 分及以上的比例为 67.2%。其中，中等收入群体在 4 分及以上的比例为 69.9%，低收入群体为 64.2%，高收入群体为 73.3%。

就是否同意"努力工作能有回报"而言，进城农民工高度认同，同意和十分同意的比例为 85%。其中，中等收入群体的这一比例为 83.9%，低收入群体为 86.1%，高收入群体为 89.7%。与此同时，关于是否同意"有关系比有能力重要"这一问题，进城农民工同意和十分同意的比例接近 3/4（73.7%）。其中，中等收入群体的这一比例为 74.3%，低收入群体为73.9%，高收入群体为 52.3%。

　　进城农民工对贫富差距程度的评分较高，评分为 7 分及以上者的比例为61.4%。其中，中等收入群体和低收入群体在 7 分及以上的比例均为61.2%，高收入群体为 80.6%。进城农民工对收入地位和社会地位评分的分布十分相似，居中者占整体的约 50%，评分较高者（3 分及以上）随收入阶层上升而提高。其中，中等收入群体对收入地位评分在 3 分及以上的比例为71.8%，低收入群体为 66.4%，高收入群体为 79.4%，对社会地位的评分在3 分及以上的中等收入群体的比例为 71.1%，低收入群体为 69.3%，高收入群体为 73.2%。

　　进城农民工对未来信心较强，评分为 4~5 分的比例为 74.2%。其中，中等收入群体的比例为 77.2%，低收入群体为 70.9%，高收入群体为 80.0%。

表 7-2　2022 年进城农民工不同收入群体的主观感受特征

单位：%

主观感受	分类	低收入群体	中等收入群体	高收入群体	合计
幸福感	0~4 分	8.5	4.2	3.5	6.3
	5~6 分	31.0	23.8	27.7	27.3
	7~8 分	32.8	42.4	46.5	37.8
	9~10 分	27.6	29.6	22.3	28.6
	合计	100.0	100.0	100.0	100.0
生活满意度	1~2 分	5.7	4.1	1.3	4.8
	3 分	30.1	26.0	25.3	28.0
	4 分	31.0	39.1	47.2	35.3
	5 分	33.2	30.8	26.1	31.9
	合计	100.0	100.0	100.0	100.0
努力工作能有回报	十分不同意	1.5	0.8	5.2	1.2
	不同意	11.0	14.6	5.1	12.7
	既不同意也不反对	1.5	0.7	0.0	1.1
	同意	65.8	62.5	54.1	64.0
	十分同意	20.3	21.4	35.6	21.0
	合计	100.0	100.0	100.0	100.0

主观感受	分类	低收入群体	中等收入群体	高收入群体	合计
有关系比 有能力 重要	十分不同意	2.3	2.5	0.0	2.4
	不同意	22.1	21.5	47.7	22.2
	既不同意也不反对	1.8	1.8	0.0	1.7
	同意	60.8	61.4	50.4	60.9
	十分同意	13.1	12.9	1.9	12.8
	合计	100.0	100.0	100.0	100.0
贫富差距程度	0~4分	9.3	10.7	10.9	10.0
	5~6分	29.6	28.2	8.4	28.6
	7~8分	32.6	33.7	49.5	33.4
	9~10分	28.6	27.5	31.1	28.0
	合计	100.0	100.0	100.0	100.0
收入地位	1~2分	33.6	28.1	20.6	30.7
	3分	46.2	53.5	56.7	50.0
	4~5分	20.2	18.3	22.7	19.3
	合计	100.0	100.0	100.0	100.0
社会地位	1~2分	30.7	28.9	26.8	29.8
	3分	44.3	50.6	58.9	47.7
	4~5分	25.0	20.5	14.3	22.5
	合计	100.0	100.0	100.0	100.0
未来信心	1~2分	5.6	3.0	3.2	4.3
	3分	23.5	19.9	16.8	21.6
	4~5分	70.9	77.2	80.0	74.2
	合计	100.0	100.0	100.0	100.0

总体而言，2022年，在进城农民工中，50.1%为中等收入群体，48.4%为低收入群体。进城农民工是扩大中等收入群体的"重中之重"，首先户口会影响进城农民工家庭在城市接受基本公共服务的程度，同时农民工本身的工作保障也是影响其收入的重要因素，如农民工与雇主是否签订合同、其工作是否有医疗保险等。进城农民工受雇时享有医疗保险或养老保险的比例较低，通常不足50%。进城农民工对收入地位的评分在3分及以上的比例为69.3%，对社会地位的评分在3分及以上的比例为70.2%。

第三节　技术工人

技术工人指掌握一定的专业技能、从事某种技术性较强工作的工人。《中华人民共和国劳动法》规定"从事技术工种的劳动者，上岗前必须经过培训"。截至 2021 年底，全国技能人才总量超过 2 亿人，高技能人才超过 6000 万人，技能人才占就业人员总量的比例超过 26%。[①] 本章在测算时，将各类普通技术工人中的在业人群均视为技术工人。

如图 7-7 所示，2022 年，在我国技术工人中，49.7% 为中等收入群体，49.3% 为低收入群体，0.9% 为高收入群体。

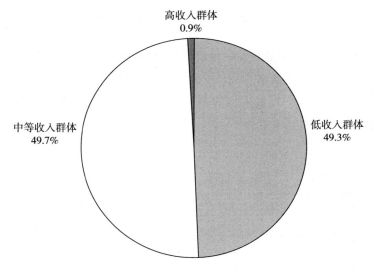

图 7-7　2022 年技术工人收入情况

技术工人在东部地区的比例最高。2022 年，48.2% 的技术工人分布在东部地区，23.2% 分布在中部地区，19.3% 分布在西部地区，东北地区的占比较低。其中，51.3% 的中等收入群体分布在东部地区，中部地区、西部地区、东北地区的分布比例分别为 26.3%、15.8%、6.6%。44.7% 的低收入

---

① 全国技能人才总量超 2 亿　占就业人员比例超过 26% ［EB/OL］.（2022-06-03）. https：//www.gov.cn/xinwen/2022-06/03/content_ 5693813.htm.

群体分布在东部地区，中部地区、西部地区、东北地区的分布比例分别为
20.4%、22.7%、12.2%（见图7-8）。

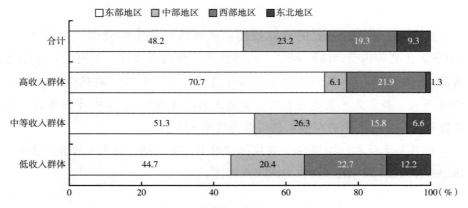

图7-8　2022年技术工人不同收入群体的地区分布

2022年，技术工人主要常住城镇（见图7-9）。其中，在中等收入群体
中，66.8%的常住地为城镇，33.2%的常住地为农村。低收入群体中常住农
村的人口和具有农业户口的人口的占比都要高于中等收入群体，54.9%的常
住地为城镇，45.1%的常住地为农村。

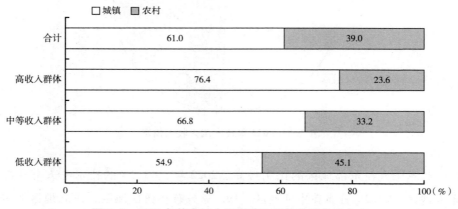

图7-9　2022年技术工人不同收入群体的常住地分布

2022年，技术工人身体健康的比例为85.7%。86.8%的中等收入群体身
体健康，健康状况为非常健康、很健康、比较健康的占比分别为19.0%、
18.0%、49.8%。84.5%的低收入群体身体健康，健康状况为非常健康、很健

康、比较健康的占比分别为 19.3%、16.3%、48.9%，另外，8.5% 的低收入群体健康状况一般，7.0% 不健康。高收入群体的健康占比为 85.5%（见图 7-10）。

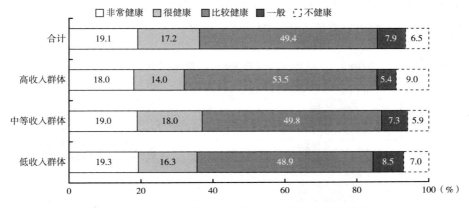

图 7-10 2022 年技术工人不同收入群体的健康状况分布

技术工人的学历与收入水平呈明显的正相关关系，学历越高，收入水平越高。2022 年，26.0% 的技术工人拥有高中及以上学历。其中，中等收入群体的本科及以上学历占比为 2.3%，高中及以上学历占比达到 29.9%。与此相比，低收入群体的本科及以上学历仅占 0.7%，高中及以上学历占22.2%（见图 7-11）。

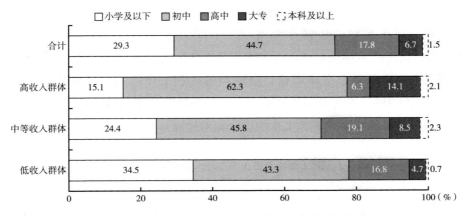

图 7-11 2022 年技术工人不同收入群体的学历分布

2022 年，技术工人主要受雇于私企/个体，占比为 60.2%（见图 7-12）。其中，中等收入群体主要受雇于私企/个体（59.5%），但在党政机关

（0.8%）、事业单位（1.6%）、国有企业（14.5%）的受雇占比都要高于低
收入群体。在低收入群体中，61.2%受雇于私企/个体，在党政机关
（0.7%）、事业单位（1.3%）、国有企业（7.3%）的占比均低于中等收入
群体。高收入群体自雇的占比（21.0%）更高。

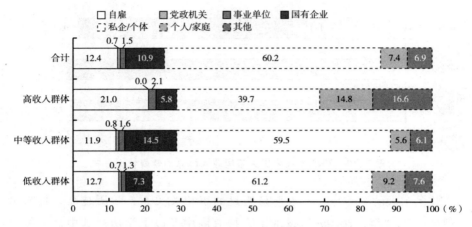

图7-12 2022年技术工人不同收入群体受雇单位分布

表7-3显示了技术工人从事行业分布情况，2022年，主要从事行业为
制造业（44.5%），建筑业（27.0%），交通运输、仓储和邮政业
（12.5%），三个行业占比之和达到84%。在中等收入群体中，从事制造业，
建筑业，交通运输、仓储和邮政业工作的比例分别为46.6%、24.1%、
13.9%，此外，从事采矿业、批发零售业工作的比例也较高。低收入群体从
事制造业，建筑业，交通运输、仓储和邮政业工作的比例分别为42.3%、
30.1%、11.0%，此外从事采矿业、居民服务和其他服务业工作的比例也较
高。高收入群体从事采矿业工作的占比相对较高（8.7%）。

表7-3 2022年技术工人不同收入群体从事行业分布

单位：%

行业	低收入群体	中等收入群体	高收入群体	合计
农林牧渔业	0.7	0.3	0.0	0.5
采矿业	4.6	3.7	8.7	4.2
制造业	42.3	46.6	45.4	44.5
电燃水的生产和供应业	2.1	1.5	2.2	1.8

续表

行业	低收入群体	中等收入群体	高收入群体	合计
建筑业	30.1	24.1	25.2	27.0
交通运输、仓储和邮政业	11.0	13.9	8.7	12.5
信息传输、计算机服务和软件业	0.2	0.2	0.0	0.2
批发零售业	1.4	2.4	6.0	2.0
住宿餐饮业	0.3	0.3	0.0	0.3
金融业	0.1	0.1	0.0	0.1
房地产业	1.2	0.9	0.0	1.0
租赁和商务服务业	0.8	1.4	3.8	1.1
科学研究和技术服务业	0.4	0.8	0.0	0.6
水利、环境和公共设施管理业	1.0	0.8	0.0	0.9
居民服务和其他服务业	3.0	2.3	0.0	2.6
教育业	0.2	0.0	0.0	0.1
卫生、社会保障和社会工作业	0.2	0.2	0.0	0.2
文化、体育和娱乐业	0.0	0.0	0.0	0.0
公共管理和社会组织业	0.4	0.5	0.0	0.4
合计	100.0	100.0	100.0	100.0

　　2022 年，中等收入群体受雇时，享有养老保险、医疗保险、失业保险、工伤保险的比例分别为 44.3%、45.5%、38.7%、49.0%（见图 7-13）。低收入群体受雇时，享有养老保险、医疗保险、失业保险、工伤保险的比例分别为 23.8%、24.4%、19.0%、31.8%，均低于中等收入群体大约 20 个百分点。高收入群体受雇时享有养老保险、医疗保险、失业保险的比例明显更高。

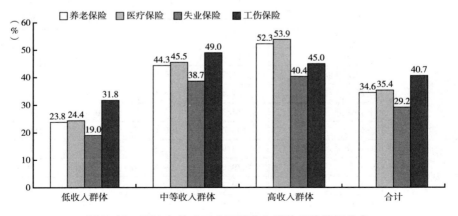

图 7-13　2022 年技术工人不同收入群体保险情况分布

表 7-4 展示了技术工人幸福感等主观感受方面的情况。2022 年，技术工人的幸福感分数在 7 分及以上的比例为 64.3%。其中，中等收入群体的这一比例为 70.9%，低收入群体为 57.4%，高收入群体为 79.1%。技术工人的生活满意度分数在 4 分及以上的比例为 65.4%。其中，中等收入群体在 4 分及以上的比例为 66.6%，低收入群体为 64.2%，高收入群体为 67.5%。

表 7-4　2022 年技术工人不同收入群体主观感受特征

单位：%

主观感受	分类	低收入群体	中等收入群体	高收入群体	合计
幸福感	0~4 分	8.5	3.2	2.3	5.8
	5~6 分	34.1	25.9	18.5	29.9
	7~8 分	31.4	43.0	46.4	37.3
	9~10 分	26.0	27.9	32.7	27.0
	合计	100.0	100.0	100.0	100.0
生活满意度	1~2 分	6.2	4.4	1.6	5.2
	3 分	29.7	29.0	31.0	29.4
	4 分	31.4	35.9	36.5	33.7
	5 分	32.8	30.7	31.0	31.7
	合计	100.0	100.0	100.0	100.0
努力工作能有回报	十分不同意	1.5	1.5	0.0	1.5
	不同意	9.1	15.6	0.0	12.1
	既不同意也不反对	0.9	0.9	0.0	0.9
	同意	69.3	62.7	100.0	66.4
	十分同意	19.2	19.4	0.0	19.1
	合计	100.0	100.0	100.0	100.0
有关系比有能力重要	十分不同意	1.6	1.1	0.0	1.3
	不同意	15.6	14.0	25.9	15.0
	既不同意也不反对	1.2	0.9	0.0	1.1
	同意	67.4	64.6	74.1	66.1
	十分同意	14.3	19.3	0.0	16.6
	合计	100.0	100.0	100.0	100.0
贫富差距程度	0~4 分	8.9	7.5	15.3	8.2
	5~6 分	29.0	29.8	13.7	29.3
	7~8 分	30.3	28.3	37.3	29.4
	9~10 分	31.8	34.4	33.8	33.1
	合计	100.0	100.0	100.0	100.0

续表

主观感受	分类	低收入群体	中等收入群体	高收入群体	合计
收入地位	1~2 分	33.9	26.5	25.9	30.1
	3 分	49.5	55.8	63.5	52.7
	4~5 分	16.6	17.8	10.6	17.1
	合计	100.0	100.0	100.0	100.0
社会地位	1~2 分	34.5	29.1	32.2	31.8
	3 分	45.1	53.2	44.9	49.1
	4~5 分	20.4	17.7	22.9	19.1
	合计	100.0	100.0	100.0	100.0
未来信心	1~2 分	5.8	4.0	0.0	4.9
	3 分	22.2	21.8	14.7	21.9
	4~5 分	72.1	74.2	85.3	73.3
	合计	100.0	100.0	100.0	100.0

关于是否同意"努力工作能有回报"，技术工人同意和十分同意的比例为 85.5%。其中，中等收入群体的这一比例为 82.1%，低收入群体为 88.5%，高收入群体为 100%。关于是否同意"有关系比有能力重要"，技术工人同意和十分同意的比例为 82.7%。其中，中等收入群体的这一比例为 83.9%，低收入群体为 81.7%，高收入群体为 74.1%。

技术工人对贫富差距程度的评分在 7 分及以上的比例为 62.5%。其中，中等收入群体和低收入群体的评分在 7 分及以上的比例相似，分别为 62.7% 和 62.1%，高收入群体为 71.1%。技术工人对收入地位的评分略高于对社会地位的评分，在 3 分及以上的比例分别为 69.8% 和 68.2%。中等收入群体对收入地位的评分在 3 分及以上的比例为 73.6%，低收入群体为 66.1%，高收入群体为 74.1%，均高于对应收入群体对社会地位的评分在 3 分及以上的比例（分别为 70.9%、65.5% 和 67.8%）。技术工人对未来信心的评分为 4~5 分的比例为 73.3%。其中，中等收入群体为 74.2%，低收入群体为 72.1%，高收入群体为 85.3%。

总体而言，2022 年，在技术工人中，49.7% 为中等收入群体，49.3% 为低收入群体。技术工人能否进入中等收入群体与其是否接受就业培训及接受培训的程度相关，技术工人的学历越高，中等收入群体占比越高。技术工人主要受雇于私企/个体。技术工人对收入地位的评分在 3 分及以上的比例为 69.8%，对社会地位的评分在 3 分及以上的比例为 68.2%。

第四节　高校毕业生

高校毕业生一般指高等学历教育应届毕业的大专、本科学生及研究生。根据国家统计局数据，近年来，我国高校毕业生人数逐年增加，2010~2022 年平均增长率为 4.4%，2022 年为 967.3 万人。[①] 本研究在测算时，将最高学历为大专、本科、硕士及以上的毕业生视为高校毕业生，同时由于近年来缓解高校毕业生就业政策的出台较为频繁，因此将毕业时间限定在 5 年以内。

如图 7-14 所示，2022 年，在我国高校毕业生中，50.2% 为中等收入群体，45.6% 为低收入群体，4.3% 为高收入群体。

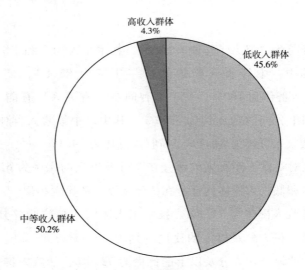

图 7-14　2022 年高校毕业生收入情况

如图 7-15 所示，2022 年，高校毕业生主要分布在东部地区（47.7%）。其中，56.8% 的中等收入群体分布在东部地区，中部地区、西部地区、东北地区的分布占比分别为 25.3%、14.1%、3.8%。低收入群体分布在东部地区的占比为

---

① 各级各类学校毕业生数 [EB/OL].（2024-03-01）. https：//data. stats. gov. cn/easyquery. htm? cn＝C01&zb＝A0M09&sj＝2023.

35.1%，在中部地区（22.4%）、西部地区（22.6%）、东北地区（19.9%）的分布比例差距较小。高收入群体分布在东部地区的占比高达75.6%。

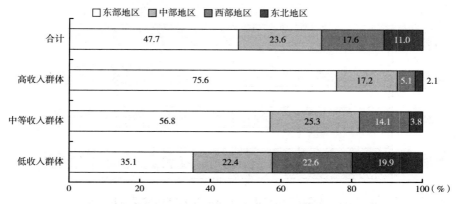

图 7-15　2022 年高校毕业生不同收入群体地区分布

2022 年，高校毕业生常住地主要为城镇（见图 7-16）。其中，在中等收入群体中，76.9%的常住地为城镇，23.1%的常住地为农村。低收入群体中常住农村的人口和具有农业户口的人口的占比都要高于中等收入群体，67.3%的常住地为城镇，32.7%的常住地为农村。

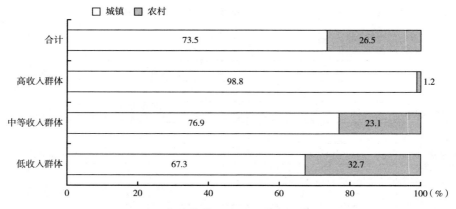

图 7-16　2022 年高校毕业生不同收入群体常住地分布

2022 年，高校毕业生的健康水平较高，不论何种收入群体，健康占比均超过90%，未发现健康状况与高校毕业生是否成为中等收入群体明显相关。中等收入群体的身体健康占比为93.2%，低收入群体的身体健康占比为 97.1%，高收入群体的身体健康占比为 98.8%（见图 7-17）。高校毕业生总体而言处于 20~30 岁，绝大多数身体健康。

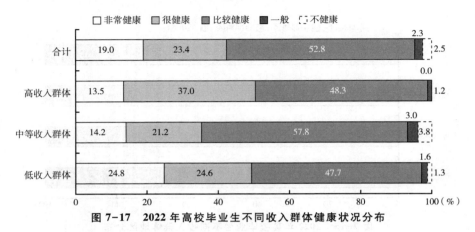

图 7-17　2022 年高校毕业生不同收入群体健康状况分布

高校毕业生的学历与收入水平呈明显的正相关关系，学历越高，收入水平越高。2022 年，中等收入群体中硕士及以上学历的占比为 6.3%，本科学历占比达到 55.5%，大专学历占比为 38.2%。与此相比，高收入群体中的硕士及以上学历占比为 32.0%，本科学历占比达到 46.1%，大专学历占比为 22.0%。在高校毕业生中，低收入群体中的硕士及以上学历占比为 5.6%，本科学历占比为 44.4%，大专学历占比为 50.0%（见图 7-18）。

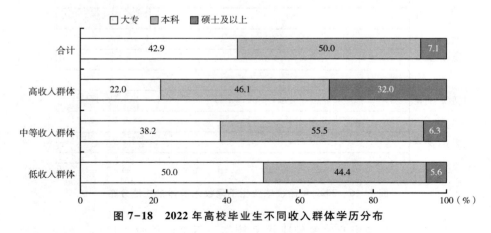

图 7-18　2022 年高校毕业生不同收入群体学历分布

从就业情况来看，如图 7-19 所示，高校毕业生主要受雇于私企/个体（47.4%）。其中，中等收入群体中，48.3% 受雇于私企/个体，8.2% 受雇于党政机关，受雇于国有企业（15.3%）、事业单位（12.1%）的比例要高于低收入群体。在低收入群体中，46.4%受雇于私企/个体，受雇于党政机关、事业单位、国有企业的占比分别为8.3%、11.7%、11.7%。

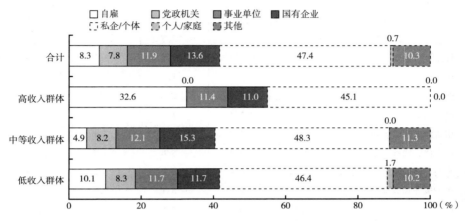

图 7-19　2022 年高校毕业生不同收入群体受雇单位分布

2022年，就行业分布而言，高校毕业生主要从事制造业（21.2%），教育业（12.3%），卫生、社会保障和社会工作业（9.3%）工作。在中等收入群体中，主要从事制造业（23.1%）、教育业（13.8%）、公共管理和社会组织业（9.3%）工作，此外从事卫生、社会保障和社会工作业及建筑业工作的比例也较高。低收入群体主要从事制造业（21.0%），卫生、社会保障和社会工作业（11.1%），批发零售业（10.7%），教育业（10.1%）工作，此外从事公共管理和社会组织业及建筑业工作的占比也较高。高收入群体不同于低收入群体和中等收入群体，主要从事信息传输、计算机服务和软件业（19.5%），金融业（17.9%），建筑业（16.0%），批发零售业（13.5%），教育业（13.3%）工作（见表7-5）。

表 7-5　2022 年高校毕业生不同收入群体从事行业分布

单位：%

行业	低收入群体	中等收入群体	高收入群体	合计
农林牧渔业	2.0	1.3	0.0	1.5
采矿业	0.4	0.6	0.0	0.5
制造业	21.0	23.1	0.3	21.2

续表

行业	低收入群体	中等收入群体	高收入群体	合计
电燃水的生产和供应业	0.3	1.1	0.0	0.7
建筑业	6.3	7.2	16.0	7.2
交通运输、仓储和邮政业	4.6	5.5	0.0	4.9
信息传输、计算机服务和软件业	3.6	5.3	19.5	5.3
批发零售业	10.7	5.1	13.5	7.7
住宿餐饮业	3.6	1.3	0.0	2.2
金融业	3.2	2.6	17.9	3.6
房地产业	2.4	1.5	0.0	1.8
租赁和商务服务业	5.3	4.1	7.1	4.7
科学研究和技术服务业	2.3	5.0	3.5	3.8
水利、环境和公共设施管理业	0.6	0.0	0.0	0.3
居民服务和其他服务业	2.2	3.1	0.0	2.6
教育业	10.1	13.8	13.3	12.3
卫生、社会保障和社会工作业	11.1	8.3	6.1	9.3
文化、体育和娱乐业	2.0	1.8	0.0	1.8
公共管理和社会组织业	8.3	9.3	2.9	8.6
合计	100.0	100.0	100.0	100.0

高校毕业生受雇时享有养老保险、医疗保险、失业保险、工伤保险的比例较高，均超过了68%。2022年，中等收入群体受雇时，享有养老保险、医疗保险、失业保险、工伤保险的比例分别为79.9%、80.1%、75.8%、76.5%。低收入群体受雇时，享有养老保险、医疗保险、失业保险、工伤保险的比例分别为68.2%、68.6%、57.3%、58.6%。高收入群体享有四类保险的比例均超过70%（见图7-20）。

主观感受和社会价值方面，2022年，八成高校毕业生的幸福感分数在7分及以上，远高于进城农民工和技术工人。其中，中等收入群体的这一比例为81.9%，较低收入群体的78.7%和高收入群体的74.5%更高（见表7-6）。高校毕业生的生活满意度分数在4分及以上的比例为63.0%。其中，中等收入群体在4分及以上的比例为64.5%，低收入群体为60.0%，高收入群体为78.2%。

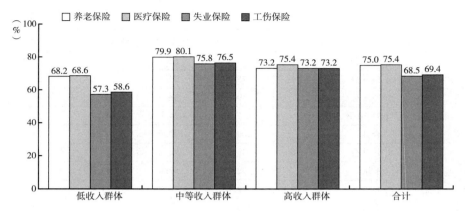

图 7-20　2022 年高校毕业生不同收入群体保险情况分布

表 7-6　2022 年高校毕业生不同收入群体主观感受特征

单位：%

主观感受	分类	低收入群体	中等收入群体	高收入群体	合计
幸福感	0~4 分	3.2	3.4	2.1	3.3
	5~6 分	18.1	14.7	23.3	16.6
	7~8 分	50.9	54.8	37.4	52.3
	9~10 分	27.8	27.1	37.1	27.8
	合计	100.0	100.0	100.0	100.0
生活满意度	1~2 分	6.7	2.5	0.0	4.3
	3 分	33.3	33.0	21.9	32.7
	4 分	36.3	44.7	40.2	40.7
	5 分	23.7	19.8	38.0	22.3
	合计	100.0	100.0	100.0	100.0
努力工作能有回报	十分不同意	1.5	0.9	0.0	1.1
	不同意	15.3	13.8	5.3	14.2
	既不同意也不反对	3.3	5.3	0.0	4.3
	同意	62.2	69.7	59.3	66.1
	十分同意	17.8	10.4	35.3	14.3
	合计	100.0	100.0	100.0	100.0
有关系比有能力重要	十分不同意	3.1	2.5	0.0	2.7
	不同意	32.2	24.7	14.1	27.6
	既不同意也不反对	4.7	2.4	0.0	3.4
	同意	58.5	58.1	85.9	59.1
	十分同意	1.5	12.3	0.0	7.3
	合计	100.0	100.0	100.0	100.0

主观感受	分类	低收入群体	中等收入群体	高收入群体	合计
贫富差距程度	0~4分	2.3	2.4	0.0	2.2
	5~6分	25.9	24.6	0.0	23.6
	7~8分	59.3	48.2	68.9	54.0
	9~10分	12.5	24.9	31.1	20.2
	合计	100.0	100.0	100.0	100.0
收入地位	1~2分	35.3	26.1	16.0	29.7
	3分	52.2	57.6	62.9	55.5
	4~5分	12.6	16.3	21.0	14.9
	合计	100.0	100.0	100.0	100.0
社会地位	1~2分	33.5	30.3	35.7	32.0
	3分	50.1	60.3	56.3	55.5
	4~5分	16.4	9.4	8.0	12.5
	合计	100.0	100.0	100.0	100.0
未来信心	1~2分	2.7	1.0	0.0	1.8
	3分	24.3	21.9	11.8	22.5
	4~5分	73.0	77.1	88.2	75.7
	合计	100.0	100.0	100.0	100.0

高校毕业生对"努力工作能有回报"同意和十分同意的比例为80.4%。其中,中等收入群体中同意和十分同意的比例为80.1%,低收入群体为80.0%,高收入群体为94.6%。相比而言,同意和十分同意"有关系比有能力重要"的高校毕业生的比例为66.4%,远低于其认同"努力工作能有回报"的比例,也低于进城农民工和技术工人的判断。在高校毕业生中,同意和十分同意"有关系比有能力重要"的比例随收入阶层上升而提高,低收入群体为60.0%,中等收入群体为70.4%,高收入群体为85.9%。

高校毕业生对贫富差距程度的评分在7分及以上的比例为74.2%。其中,中等收入群体在7分及以上的比例为73.1%,低收入群体为71.8%,高收入群体为100%。高校毕业生对收入地位和社会地位的评分类似,在3分及以上的比例分别为70.4%和68.0%。其中,中等收入群体对两者的评分在3分及以上的比例分别为73.9%和69.7%,低收入群体的比例分别为64.8%和66.5%,高收入群体的比例分别为83.9%和64.3%。

高校毕业生对未来信心的评分较高，4~5分的比例为75.7%。其中，中等收入群体为77.1%，低收入群体为73.0%，高收入群体为88.2%。

2022年，在高校毕业生中，50.2%为中等收入群体，45.6%为低收入群体。除受雇于私营/个体以外，高校毕业生中中等收入群体受雇于事业单位、国有企业的占比要高于低收入群体。高校毕业生对收入地位的评分在3分及以上的比例为70.4%，对社会地位的评分在3分及以上的比例为68.0%。

第五节　中小企业主和个体工商户

中小企业的划分主要根据《统计上大中小微型企业划分办法（2017）》，现行办法选取从业人员、营业收入、资产总额等指标或替代指标，并结合行业特点制定具体划分标准，将在我国境内依法设立的各种组织形式的法人企业或单位的规模划分为大型、中型、小型和微型，个体工商户参照该办法进行划分。如中小微企业是指从业人员在1000人以内或营业收入在4亿元以内的企业，按照上述方法在企业规模上的划分，个体工商户多为微型企业。一般来说，中小企业主和个体工商户的收入水平较高，但企业经营情况多受经济运行情况影响，经济波动时，其收入波动也较大。近年来，我国中小企业快速发展，是数量最大、最具活力的企业群体，是中国经济社会发展的生力军。截至2022年末，中国中小微企业数量已超过5200万户。① 个体工商户更是发挥就业蓄水池、社会稳定器、共同富裕生力军的重要作用。根据国家统计局的数据，2022年末，全国登记在册的市场主体达到了1.69亿户，其中，个体工商户为1.14亿户。② 本研究在测算时，将从事经营活动的在业人群视为中小企业主和个体工商户。

如图7-21所示，2022年，在我国中小企业主和个体工商户中，53.8%为中等收入群体，41.0%为低收入群体，5.1%为高收入群体。

① 国务院新闻办就"加快推进新型工业化 做强做优做大实体经济"举行发布会［EB/OL］.（2023-03-02）. https：//www. gov. cn/xinwen/2023-03/02/content_ 5744086. htm？eqid=dd 3e3a1b00c88a02000000026457af3b.

② 国家统计局局长就2022年全年国民经济运行情况答记者问［EB/OL］.（2023-01-17）. http：//www. stats. gov. cn/sj/sjjd/202302/t20230202_ 1896734. html？eqid = eaa5290200037e0800000006644b8 9c4.

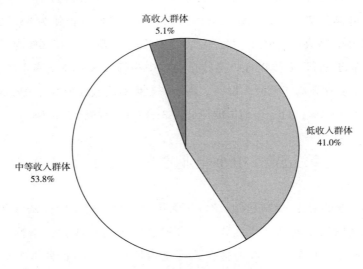

图 7-21　2022 年中小企业主和个体工商户工收入情况

如图 7-22 所示，中小企业主和个体工商户主要分布在东部地区 （45.0%）。其中，43.2% 的中等收入群体分布在东部地区，中部地区、西部地区、东北地区的分布比例分别为 27.1%、21.2%、8.6%。低收入群体在东部地区的分布比例为 45.1%，在中部地区和西部地区的分布比例均为 20% 左右，在东北地区的分布比例为 12.0%。高收入群体也主要分布在东部地区 （63.1%）。

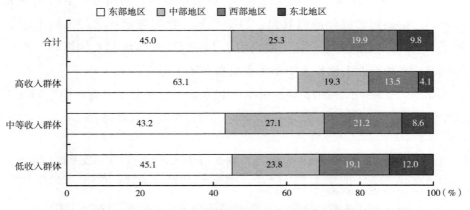

图 7-22　2022 年中小企业主和个体工商户不同收入群体地区分布

2022 年，中小企业主和个体工商户主要常住在城镇（见图 7-23）。其中，在中等收入群体中，79.9% 的常住地为城镇，20.1% 的常住地为农村。低收入群体中常住农村的人口和具有农业户口的人口的占比均高于中等收入群体，65.4% 的常住地为城镇，34.6% 的常住地为农村。

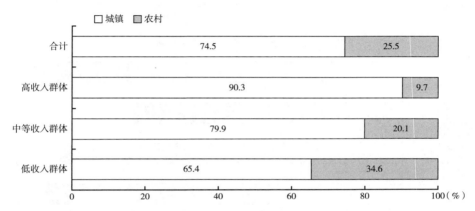

图 7-23　2022 年中小企业主和个体工商户不同收入群体常住地分布

2022 年，在健康层面上，82.2% 的中小企业主和个体工商户健康。其中，84.7% 的中等收入群体健康，健康状况为非常健康、很健康、比较健康的占比分别为 14.9%、14.4%、55.4%。78.6% 的低收入群体健康，健康状况为非常健康、很健康、比较健康的占比分别为 14.8%、18.3%、45.5%。高收入群体的健康占比为 87.8%（见图 7-24）。

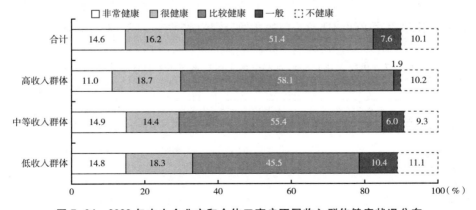

图 7-24　2022 年中小企业主和个体工商户不同收入群体健康状况分布

中小企业主和个体工商户的学历与收入水平呈现明显的正相关关系，学历越高，收入水平越高。2022 年，中等收入群体中本科及以上学历占比达到 5.2%，高中及以上学历占比达到 41.2%。与此相比，低收入群体中本科及以上学历占比仅为 1.1%，高中及以上学历占比为 25.2%。高收入群体中高中及以上学历占比为 78.3%（见图 7-25）。

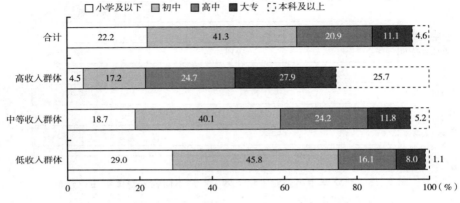

图 7-25　2022 年中小企业主和个体工商户不同收入群体学历分布

在行业分布上，如表 7-7 所示，中小企业主和个体工商户集中在服务业，主要从事批发零售业（31.1%）、住宿餐饮业（15.5%）和制造业（12.6%）工作。中等收入群体从事批发零售业、住宿餐饮业和制造业工作的比例分别为 34.3%、15.0%、12.5%，此外，从事建筑业，居民服务和其他服务业，交通运输、仓储和邮政业工作的比例也较高。低收入群体从事批发零售业、住宿餐饮业和制造业工作的比例分别为 26.7%、17.5%、13.0%。

表 7-7　2022 年中小企业主和个体工商户不同收入群体从事行业分布

单位：%

行业	低收入群体	中等收入群体	高收入群体	合计
农林牧渔业	0.9	1.1	0.7	1.0
采矿业	0.0	0.1	0.0	0.1
制造业	13.0	12.5	11.3	12.6
电燃水的生产和供应业	0.1	0.0	0.0	0.1
建筑业	12.4	8.3	13.9	10.3
交通运输、仓储和邮政业	8.5	9.0	2.6	8.5

续表

行业	低收入群体	中等收入群体	高收入群体	合计
信息传输、计算机服务和软件业	1.0	0.8	3.7	1.1
批发零售业	26.7	34.3	31.8	31.1
住宿餐饮业	17.5	15.0	5.0	15.5
金融业	0.0	0.2	0.0	0.1
房地产业	0.0	1.2	8.7	1.1
租赁和商务服务业	2.4	2.6	1.7	2.4
科学研究和技术服务业	0.1	0.1	3.4	0.3
水利、环境和公共设施管理业	0.0	0.1	0.0	0.0
居民服务和其他服务业	13.9	8.9	1.1	10.5
教育业	1.5	2.3	10.6	2.4
卫生、社会保障和社会工作业	1.2	1.4	0.0	1.2
文化、体育和娱乐业	0.4	2.1	5.4	1.6
公共管理和社会组织业	0.5	0.0	0.0	0.2
合计	100.0	100.0	100.0	100.0

中小企业主和个体工商户属于自雇，一般来说，需要自行按照城镇职工方式或以灵活就业方式缴纳社保，享有养老保险、医疗保险、失业保险、工伤保险的比例较低，各项保险覆盖率均不足40%。2022年，中等收入群体享有养老保险、医疗保险、失业保险、工伤保险的比例分别为37.9%、44.1%、10.8%、13.6%。低收入群体享有养老保险、医疗保险、失业保险、工伤保险的比例分别为26.7%、28.8%、4.6%、5.8%。高收入群体享有四类保险的比例均超过35%（见图7-26）。

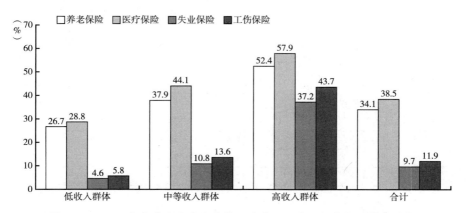

图 7-26　2022 年中小企业主和个体工商户不同收入群体保险情况分布

　　主观感受和社会价值层面，2022年，中小企业主和个体工商户的幸福感分数在7分及以上的比例为66.8%。其中，中等收入群体的这一比例为70.5%，低收入群体为61.0%，高收入群体则为74.3%（见表7-8）。中小企业主和个体工商户的生活满意度分数与幸福感分数类似，在4分及以上的比例为66.9%。其中，中等收入群体为68.4%，低收入群体为64.3%，高收入群体为72.3%。

表7-8　2022年中小企业主和个体工商户不同收入群体主观感受特征

单位：%

主观感受	分类	低收入群体	中等收入群体	高收入群体	合计
幸福感	0~4分	9.6	3.2	2.2	5.8
	5~6分	29.5	26.3	23.5	27.5
	7~8分	33.0	45.1	41.5	39.9
	9~10分	28.0	25.4	32.8	26.9
	合计	100.0	100.0	100.0	100.0
生活满意度	1~2分	8.2	3.8	4.3	5.6
	3分	27.5	27.9	23.5	27.5
	4分	31.9	39.9	40.7	36.7
	5分	32.4	28.5	31.6	30.2
	合计	100.0	100.0	100.0	100.0
努力工作能有回报	十分不同意	0.7	0.7	7.6	1.0
	不同意	12.9	20.4	19.9	17.5
	既不同意也不反对	1.8	0.0	8.7	1.1
	同意	64.8	62.4	46.7	62.7
	十分同意	19.8	16.4	17.2	17.8
	合计	100.0	100.0	100.0	100.0
有关系比有能力重要	十分不同意	3.5	2.2	8.7	3.0
	不同意	19.3	19.2	24.8	19.5
	既不同意也不反对	1.9	1.9	0.0	1.8
	同意	64.7	63.4	61.6	63.8
	十分同意	10.6	13.4	4.6	11.9
	合计	100.0	100.0	100.0	100.0
贫富差距程度	0~4分	11.4	8.9	8.3	9.9
	5~6分	33.2	24.3	15.9	27.5
	7~8分	22.2	36.6	49.1	31.4
	9~10分	33.2	30.2	26.6	31.2
	合计	100.0	100.0	100.0	100.0

续表

主观感受	分类	低收入群体	中等收入群体	高收入群体	合计
收入地位	1~2分	33.4	26.2	30.4	29.4
	3分	50.2	59.8	33.9	54.5
	4~5分	16.4	14.0	35.6	16.1
	合计	100.0	100.0	100.0	100.0
社会地位	1~2分	32.9	27.6	21.3	29.5
	3分	46.3	54.9	53.9	51.3
	4~5分	20.8	17.4	24.8	19.2
	合计	100.0	100.0	100.0	100.0
未来信心	1~2分	7.7	3.3	0.0	4.9
	3分	19.2	21.5	13.6	20.2
	4~5分	73.1	75.2	86.4	74.9
	合计	100.0	100.0	100.0	100.0

关于是否同意"努力工作能有回报",中小企业主和个体工商户同意和十分同意的比例为80.5%。这一比例略高于同意和十分同意"有关系比有能力重要"的比例(75.7%)。中小企业主和个体工商户对努力和社会关系重要性认同的比例在中等收入群体和高收入群体中相差无几,但相信努力者(84.6%)在低收入中小企业主和个体工商户中远高于相信社会关系更重要者(75.3%)。

中小企业主和个体工商户对贫富差距程度的评分在7分及以上的比例为62.6%。其中,中等收入群体为66.8%,低收入群体为55.4%,高收入群体为75.7%。

中小企业主和个体工商户对收入地位和社会地位的评分在3分及以上的比例整体高度相似,分别为70.6%和70.5%。对收入地位而言,中等收入群体的评分在3分及以上的比例为73.8%,低收入群体为66.6%,高收入群体为69.5%。对社会地位的评分中,中小企业主和个体工商户中的中等收入群体的评分在3分及以上的比例为72.3%,低收入群体为67.1%,高收入群体为78.7%。

中小企业主和个体工商户对未来信心的评分为4~5分的比例为74.9%,与进城农民工、技术工人和高校毕业生的差异较小。其中,中等收入群体的比例为75.2%,低收入群体为73.1%,高收入群体为86.4%。

2022年,在中小企业主和个体工商户中,53.8%为中等收入群体,41.0%为低收入群体。中小企业主和个体工商户是我国重要的市场主体,研究发现，中小企业主和个体工商户对数字经济的适应情况会影响其营收情况，进而影响其家庭能否成为中等收入群体。中小企业主和个体工商户对收入地位的评分在 3 分及以上的比例为 70.6%，对社会地位的评分在 3 分及以上的比例为 70.5%。

第六节　机关企事业单位基层人员

机关企事业单位基层人员的收入主要与职务层级、预算限制、岗位性质、资历与经验、地区差异以及绩效考核机制等因素有关，基层人员的职位通常处于初级或中级，工资水平自然偏低，而不同地区的经济发展水平和生活成本差异则导致同一岗位的收入不均。同时，部分基层单位绩效考核机制的不完善使优秀表现者未能获得相应的薪资激励，从而进一步影响整体收入水平。本章在测算时，将雇主为政府部门（党政机关、人民团体）、事业单位及国有企业的在业人群（并剔除这些部门或单位的负责人）视为机关企事业单位基层人员。

如图 7-27 所示，2022 年，在我国机关企事业单位基层人员中，65.3% 为中等收入群体，相比其他重点群体明显更高，30.5% 为低收入群体，4.2% 为高收入群体。

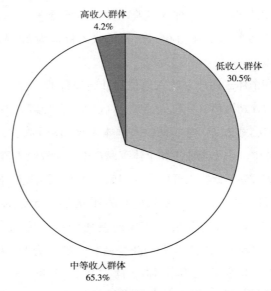

图 7-27　2022 年机关企事业单位基层人员收入情况

2022 年，地区分布层面，机关企事业单位基层人员主要分布在东部地区（36.4%），在中部地区、西部地区的占比均为 25% 左右（见图 7-28）。其中，39.7% 的中等收入群体分布在东部地区，中部地区、西部地区、东北地区的分布比例分别为 25.7%、24.4%、10.2%。26.1% 的低收入群体分布在东部地区，在中部地区、西部地区、东北地区的分布比例分别为 21.9%、29.4%、22.6%。高收入群体也主要分布在东部地区（59.5%）。

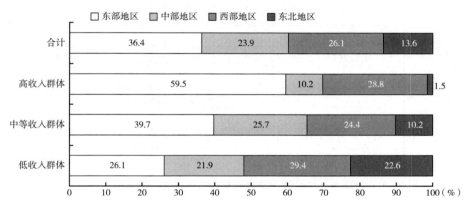

图 7-28 2022 年机关企事业单位基层人员不同收入群体地区分布

2022 年，机关企事业单位基层人员约八成（79.2%）的常住地为城镇（见图 7-29）。在中等收入群体中，82.6% 的常住地为城镇，17.4% 的常住地为农村。低收入群体常住地为农村的人口和具有农业户口的人口的占比都要高于中等收入群体，69.1% 的常住地为城镇，30.9% 的常住地为农村。

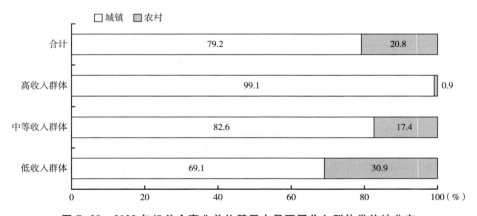

图 7-29 2022 年机关企事业单位基层人员不同收入群体常住地分布

2022 年,机关企事业单位基层人员的健康占比为 88.7%。其中,90.4%
的中等收入群体身体健康,健康状况为非常健康、很健康、比较健康的占比
分别为 10.3%、18.3%、61.8%。85.1% 的低收入群体身体健康,健康状况为
非常健康、很健康、比较健康的占比分别为 16.0%、18.5%、50.6%,但有 6.3%
的健康状况一般,8.6% 不健康。高收入群体的健康占比为 87.9%(见图 7-30)。

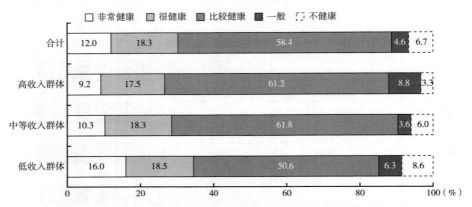

图 7-30   2022 年机关企事业单位基层人员不同收入群体健康状况分布

机关企事业单位基层人员的学历与收入水平呈现明显的正相关关系,
学历越高,收入水平越高。2022 年,中等收入群体的本科及以上学历占比
达到 41.0%,高中及以上学历占比达到 83.5%。与此相比,低收入群体的
本科及以上学历占比仅为 19.0%,高中及以上学历占比为 57.7%。高收入
群体的高中及以上学历占比高达 93.5%(见图 7-31)。机关企事业单位基
层人员的学历水平总体较高。

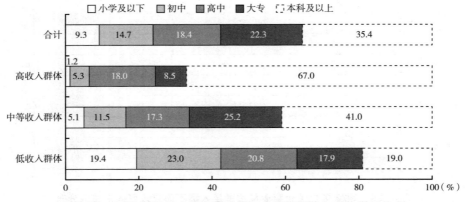

图 7-31   2022 年机关企事业单位基层人员不同收入群体学历分布

2022 年，机关企事业单位基层人员主要受雇于国有企业，占比为 46.8%。中等收入群体中，47.9% 受雇于国有企业，32.4% 受雇于事业单位，19.8% 受雇于党政机关（见图 7-32）。低收入群体中，47.0% 受雇于国有企业，32.3% 受雇于事业单位，20.8% 受雇于党政机关。高收入群体受雇于党政机关、事业单位、国有企业的占比分别为 13.8%、56.4%、29.8%。

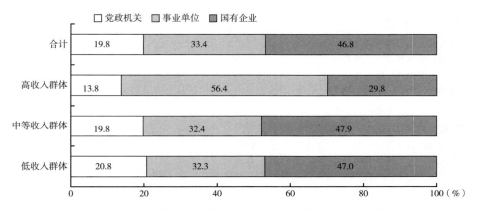

图 7-32　2022 年机关企事业单位基层人员不同收入群体受雇单位分布

从行业来看，2022 年，机关企事业单位基层人员主要从事公共管理和社会组织业（20.2%）、教育业（14.4%）、制造业（11.8%）工作。中等收入群体从事公共管理和社会组织业、教育业和制造业工作的比例分别为 20.3%、15.0%、12.6%，此外从事卫生、社会保障和社会工作业的工作占比也较高。低收入群体从事公共管理和社会组织业、教育业和制造业工作的比例分别为 19.0%、11.7%、11.3%（见表 7-9）。

表 7-9　2022 年机关企事业单位基层人员不同收入群体从事行业分布

单位：%

行业	低收入群体	中等收入群体	高收入群体	合计
农林牧渔业	1.5	0.7	1.1	1.0
采矿业	7.0	2.6	0.0	3.9
制造业	11.3	12.6	3.1	11.8
电燃水的生产和供应业	4.5	2.5	1.5	3.1
建筑业	8.9	7.0	0.9	7.3
交通运输、仓储和邮政业	4.8	7.9	3.3	6.8

续表

行业	低收入群体	中等收入群体	高收入群体	合计
信息传输、计算机服务和软件业	1.4	1.9	7.8	2.0
批发零售业	1.0	2.7	0.7	2.1
住宿餐饮业	1.8	0.6	0.0	0.9
金融业	4.8	3.7	8.2	4.2
房地产业	1.2	1.2	1.6	1.2
租赁和商务服务业	1.3	1.6	0.0	1.4
科学研究和技术服务业	0.8	2.2	2.4	1.8
水利、环境和公共设施管理业	4.0	3.2	5.3	3.5
居民服务和其他服务业	3.9	1.6	0.0	2.2
教育业	11.7	15.0	23.6	14.4
卫生、社会保障和社会工作业	9.8	10.2	14.4	10.2
文化、体育和娱乐业	1.4	2.4	0.0	2.0
公共管理和社会组织业	19.0	20.3	26.1	20.2
合计	100.0	100.0	100.0	100.0

2022 年，机关企事业单位基层人员受雇时享有养老保险、医疗保险、失业保险、工伤保险的比例较高，均超过 70%。其中，中等收入群体受雇时，享有养老保险、医疗保险、失业保险、工伤保险的比例分别为 84.9%、84.7%、79.9%、82.3%。低收入群体受雇时，享有养老保险、医疗保险、失业保险、工伤保险的比例分别为 62.3%、61.6%、55.8%、61.1%（见图 7-33），低于中等收入群体 15~25 个百分点。

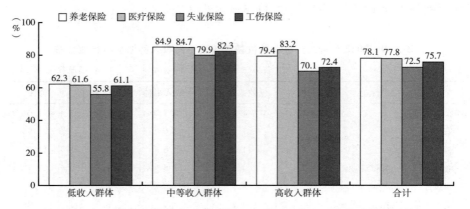

图 7-33　2022 年机关企事业单位基层人员不同收入群体保险情况分布

在主观判断和社会价值维度，2022 年，机关企事业单位基层人员的幸福感分数在 7 分及以上的比例为 76.6%。其中，中等收入群体的这一比例为 79.6%，低收入群体为 69.5%，高收入群体为 81.8%。机关企事业单位基层人员对生活满意度的评分在 4 分及以上的比例为 73.6%。其中，中等收入群体的比例为 76.5%，低收入群体为 66.0%，高收入群体为 81.9%（见表 7-10）。

表 7-10　2022 年机关企事业单位基层人员不同收入群体主观感受特征

单位：%

主观感受	分类	低收入群体	中等收入群体	高收入群体	合计
幸福感	0~4 分	5.7	2.3	0.0	3.3
	5~6 分	24.8	18.1	18.2	20.1
	7~8 分	41.4	53.3	48.8	49.4
	9~10 分	28.1	26.3	33.0	27.2
	合计	100.0	100.0	100.0	100.0
生活满意度	1~2 分	6.2	1.6	0.0	3.0
	3 分	27.8	21.9	18.1	23.5
	4 分	38.6	51.6	62.0	48.1
	5 分	27.4	24.9	19.9	25.5
	合计	100.0	100.0	100.0	100.0
努力工作能有回报	十分不同意	2.5	1.6	0.0	1.8
	不同意	14.6	16.5	6.2	15.6
	既不同意也不反对	1.5	0.3	2.1	0.7
	同意	57.1	66.4	65.2	63.2
	十分同意	24.3	15.3	26.5	18.6
	合计	100.0	100.0	100.0	100.0
有关系比有能力重要	十分不同意	1.2	4.1	0.0	3.0
	不同意	23.6	27.6	65.3	27.1
	既不同意也不反对	2.5	2.0	0.0	2.1
	同意	58.9	55.9	28.7	56.3
	十分同意	13.8	10.4	6.0	11.5
	合计	100.0	100.0	100.0	100.0
贫富差距程度	0~4 分	10.3	8.4	0.7	8.3
	5~6 分	27.2	27.8	29.7	27.8
	7~8 分	36.2	35.9	40.5	36.3
	9~10 分	26.4	28.0	29.1	27.6
	合计	100.0	100.0	100.0	100.0

主观感受	分类	低收入群体	中等收入群体	高收入群体	合计
收入地位	1~2分	34.5	19.3	13.0	23.6
	3分	47.8	59.7	61.5	56.1
	4~5分	17.8	21.0	25.6	20.2
	合计	100.0	100.0	100.0	100.0
社会地位	1~2分	25.4	20.5	5.0	21.3
	3分	48.7	55.4	68.1	53.9
	4~5分	25.9	24.1	26.9	24.8
	合计	100.0	100.0	100.0	100.0
未来信心	1~2分	6.2	2.0	2.1	3.3
	3分	22.9	19.4	17.9	20.4
	4~5分	70.9	78.7	80.0	76.4
	合计	100.0	100.0	100.0	100.0

对于是否同意"努力工作能有回报",机关企事业单位基层人员同意和十分同意的比例为81.8%。其中,中等收入群体的这一比例为81.7%,低收入群体为81.4%,高收入群体为91.7%。对于是否同意"有关系比有能力重要",机关企事业单位基层人员同意和十分同意的比例为67.8%。其中,中等收入群体的这一比例为66.3%,低收入群体为72.7%,高收入群体为34.7%。

机关企事业单位基层人员对贫富差距程度的评分在7分及以上的比例为63.9%。其中,中等收入群体的比例为63.9%,低收入群体为62.6%,高收入群体为69.6%。

机关企事业单位基层人员对收入地位和社会地位的评分相似,在3分及以上的比例分别为76.3%和78.7%。其中,中等收入群体对收入地位的评分在3分及以上的比例为80.7%,低收入群体为65.6%,高收入群体为87.1%;中等收入群体对社会地位的评分在3分及以上的比例为79.5%,低收入群体为74.6%,高收入群体为95.0%。

机关企事业单位基层人员对未来信心的评分为4~5分的比例为76.4%。其中,中等收入群体为78.7%,低收入群体为70.9%,高收入群体为80.0%。

2022年,在机关企事业单位基层人员中,65.3%为中等收入群体,

30.5%为低收入群体。工作在西部地区或农村基层的机关企事业单位基层人员的收入水平较低，进入中等收入群体或保持收入稳定有一定难度。但机关企事业单位基层人员的学历总体较高，长期收入增长预期乐观。机关企事业单位基层人员对收入地位的评分在 3 分及以上的比例为 76.3%，对社会地位的评分在 3 分及以上的比例为 78.7%。

第八章　扩大中等收入群体的政策建议

扩大中等收入群体既是我国整体社会收入结构改善的目标，也是扩大内需、促进消费的基础。但扩大中等收入群体是一个涉及收入分配、社会保障、就业、教育等多方面建设的综合性、系统性、长期性的工程。政府层面应构建扩大中等收入群体的配套政策，注重协调不同政策的功能，使各项政策更好地发挥各自作用，保障中等收入群体的有序稳定扩大。以财政支出、个人所得税、普惠金融、社会保障等主要政策工具为基础，可以直接影响居民收入，作用于中等收入群体的扩大，成为扩大中等收入群体的全局性、基础性制度因素。

第一节　强化财政支出效力

财政支出可通过多种方式扩大中等收入群体。例如，政府通过发放低保补贴、增加福利、实施就业援助等方式，可以直接增加低收入群体的可支配收入，实现"提低"的目的；通过提高教育经费支出、实施技能培训计划等，可以提升低收入群体的职业技能和素质，增加低收入群体的就业机会和收入水平，保持中等收入群体就业稳定；通过调整产业结构、推动产业升级（如扶持新兴产业、发展服务业等）直接创造更多的就业机会，提高低收入群体和中等收入群体的收入水平。[1] 由于低收入群体主要分布在经济欠发达地区，主要依赖付出劳动要素获取收入，其就业主要集中于劳动密集型产业、小微企业或个体经营，因此，若财政支出向经济欠发达地区倾斜，支持劳动密集型产业和小微经营发展，保障劳动要素获取更多报

---

[1]　梁季，陈少波. 共同富裕背景下扩大中等收入群体的财税制度优化路径 [J]. 学习与实践，2024，（02）：91-101.

酬，将会显著促进"扩中"。强化财政支出效力主要可从以下几个方面入手。

第一，加大中央转移支付和财力下沉的力度。

我国市场经济中，资本所有者通常兼具企业经营者身份，劳动者处于被管理、被支配的地位，议价能力较弱，导致初次分配中劳动报酬占比较低，劳动密集型产业的整体工资水平低，而这些产业主要分布在中西部地区。尤其是在经济快速发展的过程中，初次分配中劳动报酬占比过低会引发一系列的初次分配失衡问题，导致经济发展的红利难以普遍惠及低收入群体。中央通过向经济欠发达地区提供转移支付，可以促进这些地区的经济发展，调节地区间的资源分配，实现区域均衡发展。当前中央向中西部地区的转移支付力度已较高，但仍需进一步加大中央转移支付和财力下沉的力度，建立健全转移支付的公开透明和监督约束机制。地方政府应通过产业发展拓展就业机会，为科技制造业、特色产业等企业提供税收优惠和贷款补贴等支持，鼓励企业提高工资水平，激发低收入群体的生产活力。

农民是低收入群体的主要人群。小农经营模式难以实现实质性收入增长，但规模化经营又缺乏技术和资金支持；此外，农业经营收入易受到自然灾害、农产品收购价格波动、销售渠道等多重因素的影响，具有较强不确定性。作为"提低"工作的关键群体，农民长期受城乡发展差异制约，缺少分享经济发展成果的能力和机会。因此，财政支出需要不断加强对农村产业的扶持力度，为农民创新创业提供管理、技术等方面的培训，为新型农村经济合作社发展给予财政资金补助，并在创业过程中提供贴息贷款，切实增加农民成为中等收入群体的机会。

第二，完善住房保障体系建设，提升中等收入群体生活质量。

扩大中等收入群体不仅要关注收入增长，还需同步提升生活水平和质量，这是实现共同富裕的本质。收入是衡量中等收入群体规模的标准，消费则是判断中等收入群体质量的标准。中等收入群体的基本特征决定了其在消费能力上"量"的优势，消费偏好上"质"的要求，其发展型、享乐型消费需求更为个性化，品质要求更高，消费体量更大。但受到房租、房贷压力的影响，收入的增长并未与生活质量改善同步，很多情况下人们的收入水平与生活质量并不完全匹配。由于住房保障体系不健全，新就业大学生、外来务工人员等低收入群体通常只能租房，被迫承担高昂的房租，居住条件无法得到保障和改善，持续上涨房价也使他们难以承担购房成本，进一步加剧了住房困境。

随着改善性住房需求的增加，住房贷款在家庭金融结构中的比重进一步上升。这种趋势意味着中等收入群体将把更多的资金用于支付房贷，而非用于其他消费或投资。透支未来的消费模式使得财税政策通过提振消费以改善生活质量的传导机制不畅通，制约了消费促进经济发展的主导作用。通过加强财政对公租房保障、老旧小区改造和发展住房租赁市场等的资金支持，完善租购并举的住房制度，为不同收入水平、不同居住需求、不同生活阶段的群体，提供多样化、差异化、个性化的住房保障服务，实现低收入群体、中等收入群体中的较低收入者"住有所居"。

第三，给予企业实施的技能培训更大幅度补贴，促进就业稳定。

稳定现有中等收入群体是"扩中"有效性的重要保障。一般来说，专业技能水平越高，收入水平和收入稳定性越高，越容易跻身中等收入群体。后工业化和数字经济加速了就业市场的结构性变化，中低收入群体普遍人力资本储备不足，学历多数为初中或高中，主要从事对教育水平和技术要求较低的传统制造业或服务业，这些行业整体工资水平较低，企业缺乏动力为员工进行技能培训与提升。中低收入群体对劳动需求变化的就业适应能力不足，经常性地变换工作容易使其收入波动较大，收入增长面临较大的不确定性，难以成为稳定的中等收入群体。

员工技能培训对企业而言既是成本，也是投资。通过提高普通企业职工教育经费支出扣除比例，并对特定领域或特定类型的技能培训给予更大幅度的补贴或税收优惠，可提高企业提升劳动者技能的积极性，缓解经济结构转型对进城农民工等低技能劳动力就业状况的冲击，促进稳定就业。推动企业与教育机构合作，对企业与高等院校、职业院校等合作开展的技能培训项目给予财政支持，以提高员工的职业技能水平。

第四，促进教育公平和质量提升，培育中等收入群体。

我国教育事业的财政投入力度不断加大，但人力资本水平的区域性差距仍然显著。党的十八大以来，我国财政性教育经费支出占 GDP 比例连续 10 年保持在 4% 以上，教育普及成效显著，但人力资本水平仍然有待提高。根据第七次全国人口普查数据，2020 年我国每 10 万人中拥有大学文化程度的人数为 15467 人，15 岁及以上人口的平均受教育年限为 9.91 年。同时，人力资本水平的区域性差距也很显著，贵州、云南、西藏、青海等地的劳动力平均受教育年限均不足 9 年，优质均衡的基本公共教育服务体系尚未建成，这不利于中等收入群体的长期扩大和社会结构的优化。

教育支出具有较强的外溢性，扩大财政教育支出规模能够有效促进人力资本积累，因此可将支出责任更多地归于中央政府，进一步明确政府在教育事权与支出责任的划分。农村地区与西部地区个体从公共教育支出增加中的受益程度更高，所以应进一步加大对经济欠发达地区的义务教育经费投入力度，推进义务教育薄弱环节改善与能力提升，缩小城乡及地区间的人力资本差距，为培育中等收入群体奠定基础。

第二节　优化个人所得税政策

个人所得税是调节收入分配的重要工具，可通过制度设计实现"提低""稳中"和"调高"的目标。个税扣除制度指在计算个人所得税时通过扣除一定的费用和支出，降低征税基数，使得低收入群体基本无需纳税，有利于"提低"，同时减轻消费支出负担较重的中等收入群体税负，有利于"稳中"。累进税制指通过设置随着收入水平的提高而逐步增加的税率，使得收入不同的人群适用不同的税率级次，收入水平越高，适用税率和实际税负越高。这不仅减轻中等收入群体税负，还可缩小高收入群体和中等收入群体之间的收入差距，兼顾"稳中"和"调高"。税收征管指通过税务机关对纳税人的申报、缴纳、退税等环节进行管理和监督，直接影响税收制度的实施效果。有效的税收征管可保证低收入群体或中等收入群体应享尽享各类税收优惠政策，高收入群体各类型所得的税款应缴尽缴，从而有促进"提低""稳中"和"调高"。为实现扩大中等收入群体，优化个人所得税的政策可以从以下方面入手。

第一，平滑低档税率，避免中等收入群体税负陡增。

个人所得税低档税率跨度较大，不利于"稳中"。目前我国无论是居民总体还是中等收入群体内部均呈金字塔形分布，多数中等收入群体收入水平较低，容易滑落为低收入群体。个税综合所得的全年应纳税所得额不超过 3.6 万元的部分适用 3% 的最低档税率，而 3.6 万~14.4 万元的部分适用税率跃升至 10%。这一税率变化恰好影响刚刚摆脱低收入的中等收入群体，其收入水平尚不稳定，但在收入增长过程中却要承受陡增的税负，不利于其成为较为稳定的中等收入群体。

累进制税率的设计需兼顾不同收入群体的税负承担能力及其对劳动激励的影响。中等收入群体主要适用低档税率，为保持其收入的稳定性，低档税率不宜过高，而应适当低平。可考虑把目前综合所得的前两档税率级距合并，统一适用3%的税率，将第3档税率降低至10%，第4档税率调整为20%。低平的底部税率有助于稳定扩大纳税覆盖面，降低纳税人从事劳动所得的边际税率，使中等收入群体不至于在收入略微增加时就面临较大的税负压力，从而激励劳动供给，增强收入增长的稳定性，实现"稳中"。

第二，优化专项附加扣除政策。

专项附加扣除的最大优势在于可根据个人的实际情况进行个性化的减税，体现税制的公平性。中等收入群体由于收入比较稳定，信誉良好且具备偿还能力，一般可从金融机构获取较高额度的房贷，但每月的大部分收入用来偿还房贷，对消费的挤压一定程度上降低了生活质量。建议调整住房贷款利息和住房租金扣除制度，以全国房价（房租）收入比均值为基准，根据各地的房价（房租）收入比计算住房贷款利息扣除额。例如，住房贷款利息（房租）每月扣除额=上年本地房价（房租）收入比÷上年全国房价（房租）收入比均值×1000元。这一调整可有效减轻中等收入群体住房负担，提升生活质量。

在经济高质量发展过程中，农业现代化、制造业升级、新兴服务业以及高新科技产业都对劳动力技能提出更高要求，宏观经济转型的压力强化了个体自身技能提升的需求。目前个税继续教育扣除政策以取得相关证书作为扣除判定标准，覆盖了技能人员职业资格继续教育、专业技术人员职工资格继续教育的支出。然而实际上大量中等收入群体为适应工作需求接受技能培训，却未取得相关证书，无法享受到继续教育扣除的优惠，这一定程度上制约了个人对人力资本培育的投资，不利于中等收入群体的长期培养。建议拓宽继续教育扣除范围，将岗位培训费、职业技术等级培训费、职业技能鉴定费等纳入扣除范围，鼓励更多人接受继续教育，提高国民人力资本水平，为培育中等收入群体奠定基础。

第三，探索构建"负个人所得税"制度。

在我国，个人所得税一定程度上可称为"富人税"。由于低收入家庭劳动者综合所得收入规模多在 6 万元的免征范围之内，经营性和财产性收入规模也较小，低收入群体一般无需纳税，长期游离在个税体系之外，纳税意识淡薄，对个税政策极度不敏感。个人所得税的改革对低收入群体几乎没有影响，免征额调整和专项附加扣除制度设立的主要获益者为中等收入群体，税率结构的调整则对高收入群体影响较大。因此，个人所得税对扩大中等收入群体的作用路径仅限于调节高收入群体及稳定现有中等收入群体，在收入分配职能执行过程中无法广泛惠及低收入群体。

负个人所得税是指政府转移支付给低收入群体的补贴，如美国的劳动所得税抵免（Earned Income Tax Credit，EITC）和英国的工作税收抵免（Working Tax Credit）均为典型的负个人所得税。在个税的具体设计中，若纳税人在基本费用扣除、专项扣除、专项附加扣除后应纳税所得额为负值，可按照一定税率计算负个人所得税，实际上就是给予补贴，这相当于将政府对个人的部分转移支付纳入个税征管的体系之中，实现了个税由中等、高收入群体向低收入群体的扩围，实现精准"提低"。长远来看，当低收入群体收入增长，个人所得税会自动由负转正，有利于增强纳税意识和提高纳税遵从度，促进构建面向自然人的税收征管服务体系，提升以个税为代表的自然人税在税收征管体系中的地位，为直接税体系的建立奠定征管基础。

第四，加强对高收入群体的税收监管。

近年来，互联网、新能源等各类新兴行业、新型商业模式和经营模式不断涌现，助推新富人群的收入快速增长。多数情况下，高收入群体本身可通过多渠道获取收入，收入结构多元且复杂，税务部门难以完全监管其全部收入。同时，"扩中"过程中高收入群体的收入状况是社会民众主观判断收入差距的重要依据，尤其当经济增长减缓时，社会民众对公平问题会更加敏感。因此，高收入群体的收入及资产增长的合理性、合法性都需要得到充分关注，"调高"问题不容忽视。

实施数字化税收监管，借助大数据、人工智能等技术手段建立高效的税收监管系统，对高收入群体进行收入集成画像，及时关注新兴产业涌现出的各类高收入群体。通过调查其资产状况、生活消费水平等，快速识别异常税收行为，提高税收违法行为的发现和打击效率。同时加强税收数据共享和信息交换，加强税收部门与银行、证券公司、房地产交易中心等金融机构之间的数据共享，实时掌握高收入群体的财务状况，确保其纳税行为的合规性。

第三节　充分运用普惠金融政策

普惠金融指的是立足机会平等和商业可持续原则，以可负担的成本为有金融服务需求的社会各阶层和群体提供适当、有效的金融服务。普惠金融与其他金融形式的主要区别在于：一是在地理空间和人群覆盖度上更加广泛，二是更加倾向于满足传统金融服务难以覆盖的低收入人群和小微企业等"长尾客户"的需求，三是以更低成本和创新服务来满足更广泛的客户需求。因其具有包容性、面向"基层"、成本"可负担"等特点，普惠金融对社会大多数群体特别是中低收入群体具有显著的促进发展的作用。近年来，数字普惠金融实现跨越式发展，金融机构逐步实现数字化转型，金融服务范围不断下沉，金融生态更加丰富。实际上，数字普惠金融的重点服务对象如小微企业主、农民工、农民、老年人、残疾人等群体，也是我国未来扩大中等收入群体的关键人群。因此，在实现共同富裕的背景下，数字普惠金融发展与"扩中"存在目标一致性。增加信贷可得性、促进资产增值是数字普惠金融作用于"扩中"的重要机制，数字普惠金融降低了投融资的门槛，扩展了投融资的渠道，帮助居民家庭实现了"扩中"。数字普惠金融助力扩中的政策措施主要如下。

第一，有序推进数字普惠金融发展。

数字信用基础设施不够完善，金融机构决策时往往存在"数据孤岛"现象，致使普惠金融的覆盖面不够理想，所提供数字普惠金融产品的形式较为单一，创新力度不足；商业银行开展数字普惠金融缺乏内生动力，当前可复制性、可推广性的小微业务经营模式仍然非常有限。同时，数字鸿沟加剧了小微企业融资难问题，小微企业由于可使用的数字化工具较为有限，数字转型、智能升级和融合创新的能力较弱，无法充分地获取"数字红利"。

因此，数字普惠金融的普及应从两方面发力。一方面，要增加落后地区的金融服务网点，完善数字金融基础设施，加大普惠金融领域的数字技术应用力度，打造开放、共享、智慧、普惠的数字金融服务市场。另一方面，通过传统金融机构与金融科技的深度结合，推进传统金融机构转型升级，创新金融服务模式，构建多层次、宽领域的金融服务体系，精准把控数字金融风险，提升数字金融服务水平，助力扩大中等收入群体。

第二，加强数字普惠金融在农村和中西部地区的宣传、调研和推广力度。

在数字化技术快速发展的今天，有效利用数字技术获取和分析海量的信息资源已经成了必不可少的技能。数字鸿沟的存在使得欠发达地区的居民更难获得数字技术发展带来的经济红利，从而直接影响数字普惠金融缩小城乡收入差距的效果。尤其农村和中西部地区的居民在信息技术方面的认知和使用能力方面处于落后地位，既难以在数字金融的发展过程中获利，也缺少能将信息技术应用于日常生产的能力，更无法依靠数字普惠金融创造新的收入。

对此，金融机构可通过宣传培训提高农民和中西部地区居民对数字普惠金融的认知度和接受度；地方政府应积极利用数字经济条件，通过大数据精准识别农民、个体工商户等中等收入关键群体的金融服务利用现状与需求，推出匹配低收入群体金融服务需求的融资、信贷、保险等数字金融产品，促进数字普惠金融"扩中"的精准性。

第三，缩小城乡、区域间的数字普惠金融差距，有助于扩大中等收入群体。

依托电脑、智能手机等终端，数字金融突破了时间、地点、气候等客观因素的限制，使得金融的血液持续流向更深、更广的经济末梢神经。由于数字技术基础设施、信息资源和产业应用水平的差异，数字普惠金融在不同区域表现出不均衡状态。东部地区数字技术设施丰富，对周边区域形成"虹吸效应"，西部地区、农村地区长期处于金融基础设施不发达，数字普惠金融难以推广使用的困境。

经济发展水平的差异导致了区域间数字普惠金融的不均衡发展。虽然普惠金融的基础服务已实现基本覆盖，但除移动支付以外的数字普惠金融服务（如贷款、理财、保险等）等的使用率较低。换言之，数字普惠金融促进资金融通、优化资源配置的巨大潜力远未得到充分发挥。虽然用户接触数字普惠金融门槛降低，但增加用户对数字普惠金融的黏性，建立用户与数字普惠金融之间的互动发展仍然艰难，还需要不断扩展数字普惠金融服务的覆盖广度和使用深度。

第四，提高居民人力资本水平，强化数字普惠金融应用能力。

数字鸿沟虽表现为不同地区之间信息技术的基础设施的差异，但是本质上更加接近于认知鸿沟。受教育程度较低的人群往往高度依赖物理网点，因缺乏足够的数字技术和技能，在数字技术金融应用的过程中易造成数字鸿沟，导致他们通过金融服务获取收益的能力有所弱化。数字鸿沟造成数字普惠金融的非均衡发展。当居民和企业在数据分析能力和使用能力、算法意识上存在差距，因此，数字普惠金融会在一定程度上造成部分群体和区域的数字不平等。

长期来看，需要通过发展教育以提高受教育水平，提高医疗保险服务和医疗救治水平提升居民健康水平。人力资本的强化有助于数字普惠金融功能的充分发挥，从而实现扩大中等收入群体的目标。

第四节　完善社会保障制度

社会保障体系主要通过"提低""稳中"作用于"扩中"。最低生活保障制度通过发放最低生活保障金，帮助低收入家庭维持基本温饱，减轻生活压力，保障基本的生活质量。城乡居民基本养老保险和医疗保险通过减轻家庭的养老和医疗支出负担，为低收入和中等收入群体提供了基本的养老和医疗保障，增强其社会保障的安全感。失业和工伤保险对从事劳动密集型行业的低收入群体和中等收入群体来说是必要的就业保障，可为其提供失业补偿和工伤赔偿，有效保障其遭遇变故时的基本生活。社会救助体系可直接瞄准特困群体，给予其基本生活救助和专项救助，为最贫困的群体提供必要的帮助和支持。完善社会保障制度以扩大中等收入群体可从以下几个方面入手。

第一，提升农村居民养老保险待遇。

随着我国人口年龄结构的快速变化，农村人口老龄化问题逐渐突出，已成为当前及未来一段时间内亟待解决的重要问题。同时，农村人口老龄化所带来的养老保障问题也更加紧迫。与城镇相比，农村的社会保障体系相对滞后和薄弱，农村老年人的养老金水平普遍偏低，难以满足其日常养老需求。多数农村老年人仍需通过早期储蓄、子女赡养或继续务工维持日常生计，难以达到中等收入的水平。

养老保险通过提供稳定的老年收入来源，帮助老年人维持基本生活水平。应加大中央财政资金对城乡居民基本养老保险的补助力度，增加农民基础养老金。建立地方财政补贴与缴费档次挂钩的激励机制，引导居民根据自身缴费能力调整缴费基数与缴费档次，实现养老保险待遇的有序增长。落实养老保险缴费困难群体（返贫人口、残疾人等）参保优惠及代缴补贴政策，由地方财政根据贫困等级实施差异化代缴。

第二，健全农村养老服务体系。

农村老年人的生活质量普遍不高。由于养老金不足，许多农村老年人需要继续从事繁重的体力劳动来维持生计，这不仅影响了他们的身体健康，也限制了他们享受更高质量生活的可能性。此外，由于农村地区的医疗、养老服务资源匮乏，农村老年人的生活质量提升受到限制。农村劳动力外流也使得农村老年人缺乏照料和经济支持，健康状况得不到有效管理，生活质量难以提升，进一步增加了农村老年人贫困的风险。

养老服务体系的完善可使农民享有中等收入群体的基本生活质量保障，实现"扩中"。通过发展新型养老模式，建设普惠型的社区养老服务中心，提供日间照料和康复治疗等服务，减轻家庭照护负担。医疗服务和养老服务结合，建立定期健康筛查机制，及时干预慢性疾病，提高老年人生活质量和健康水平。政府加大对养老事业的扶持力度，增加财政拨款，资助农村养老服务机构的建设和改善，通过税收激励鼓励社会资本投资养老服务业，降低养老服务机构的建设和运营成本。

第三，解决农民工社会保障问题。

进城农民工大部分参保意识较弱。较强的流动性导致用人单位一般不会与农民工签订长期劳动合同，也不为其缴纳相应的保险。农民工群体是未来扩大中等收入群体的重要对象，其社会保障水平的完善将会对扩大中等收入群体产生重要影响。若缺乏社保兜底，一旦农民工遭遇工伤或失业等突发风险时，不能得到基本的生活保障，风险应对措施不足，容易由"中"返"低"。

建立农民工社保联动机制，确保农民工、用人单位和政府共同参与，在政府监督和管理下，用人单位应依法为农民工及时、全额缴纳社会保险；政府应建立有效的惩罚机制，对侵害农民工权益的单位及个人进行严厉处罚。针对短期外出劳务的农民工，应建立相应的短期社会保险制度，以满足他们的不同需求，确保农民工在短期务工期间能够获得基本的劳动权益保障。

第四，完善社会救助体系，精准救助低收入群体。

对于特困人群来说，生活往往面临较大的困境，存在基本生活无法保障等问题。社会救助是指国家和社会对因各种原因无法维持最低生活水平的公民给予无偿救助的一项社会保障制度。救助的对象有三类：一是无依无靠、没有劳动能力、又没有生活来源的人，主要包括孤儿、残疾人以及没有参加社会保险且无子女的老人；二是有收入来源，但生活水平低于法定最低标准的人；三是有劳动能力、有收入来源，但意外的自然灾害或社会灾害导致生活一时无法维持的人。

社会救助事关弱势群体的基本生活和衣食冷暖，是保障基本民生、促进社会公平、维护社会稳定的兜底性、基础性制度安排。建立健全社会救助的瞄准机制和主动发现机制，确保缺乏申请能力的困难群众得到及时救助，并根据不同类型的低收入群体制定差异化的救助方案。建立健全分层分类、城乡统筹的救助体系，科学划分各级政府事权与支出责任，确保社会救助资金的稳定供给。提高救助效率，创新救助方式，对于有一定劳动能力的人，合理减少货币救助，采取以公益劳动换救助的机制。

第五节　分群施策与精准施策

扩大中等收入群体的关键在于聚焦重点群体。鉴于不同的重点群体存在差异化的经济及社会特征，唯有实施针对性的政策才能更好地满足多元化需求，提高政策的适用性和有效性。分群施策有助于政府更有效地利用公共资源，将有限的政策支持分配到最需要的群体上，提高政策的执行效率；精准施策可以避免政策资源的浪费和不公平现象的发生，促进社会和谐稳定。

进城农民工是中等收入群体的新生力量，也是未来扩大中等收入群体需要着力关注的重点人群。第一，推进进城农民工有序市民化。降低农民工进城落户门槛，加强保障性住房供给、医疗服务、随迁子女教育保障。明确流入地政府属地责任，按照常住人口规模配置公共服务资源，消除农民工获取公共服务的制度性障碍。第二，促进农民工高质量就业。通过政府职业培训项目或企业培训计划（政府对企业培训一般有优惠政策）加强农民工群体的全生命周期职业技能培训。设立就业服务中心，积极为农民工提供就业咨询、岗位匹配等服务。加强劳动合同签订和执行，保障农民工的劳动权益、社会保险和福利待遇。第三，鼓励农民工创新创业。政府可提供创业培训、资金支持和孵化场地支持等措施，营造良好的创业环境，激励农民工创业致富。

让技术工人成为中等收入群体的重要组成部分。首先，需要构建完善的职业技能培训体系。加快建设职业技术大学，建立技术交流和技能展示平台，探索技能人才与工程技术人才职业发展的衔接途径，实现职业资格证书和学历证书、职称证书的互通互认，促进技术工人高质量就业。其次，提高技术工人工资福利待遇。完善激励机制，提高技术工人的工资水平，建立工资合理增长与分配调节机制，积极引导上市公司开展高级技术工人股权激励计划，吸引更多高素质人才加入技术工人队伍。最后，大力营造尊重技能人才的社会环境。通过媒体宣传，提升社会对工匠精神的认同感和尊重程度，引导社会形成尊重劳动、重视技艺的价值观念。逐步扭转社会对职业教育、技能培训的偏见，增强职业教育、技能培训的吸引力。

促进高校毕业生成为中等收入群体。首先，做到学有所长。提高高等教育质量，创新人才培养模式，加强实践环节，将所学知识转化为工作能力，适应社会发展需求。其次，强化学有所用。做实做细就业指导服务，提供更加畅通的就业信息交流渠道，搭建高校毕业生职业指导、职业培训、就业见习等公共服务平台，进一步挖掘各类岗位资源，构建用人单位与高校沟通协作新机制，优化鼓励高校毕业生到中小企业就业的优惠政策。最后，为高校毕业生就业初期提供适当的政策帮助。鼓励毕业生到城市基层就业创业，增加城市人才公寓、青年驿站等住宿设施的市场供给，减缓教育贷款利息偿还，以缓解其初期的生活压力，让高校毕业生收入稳步增长，使他们成为中等收入群体的新增量。

中小企业主和个体经营者自身内在的发展动力较强，但需要政府部门创造更加良好的创业致富条件。第一，继续健全市场机制。通过市场创新和竞争，激发创业创新活力，在进一步增加市场主体数量的同时，提高中小企业和个体工商户的经营效率，以市场主体高质量发展推动壮大中等收入群体规模。第二,优化普惠金融服务。积极利用数字普惠金融,围绕小微企业的全生命周期需求,通过数字技术的变革来推动金融服务模式的转型升级,增强金融服务对小微企业需求的适配性。第三,优化营商环境。营商环境显著影响着中小企业主和个体工商户的创业和经营成本,优化营商环境可以从减轻税费负担、手续办理"一站化""一条龙"服务、提供数字化服务等方面入手,帮助中小企业主和个体工商户稳定经营、持续增收。

适当提高公务员特别是基层一线公务员及国有企事业单位基层职工的工资待遇,提高我国中等收入群体的占比。第一,建立科学合理的薪酬制度。对公务员和国有企事业单位基层职工的工作进行全面评估,根据工作的性质、责任、风险等因素,建立科学的薪酬体系。同时,可以考虑引入绩效工资制度,根据工作绩效给予相应的奖励,激励公务员和基层职工提高工作质量和效率。第二,加强社会保障和福利待遇。除了提高基本工资外,还可以通过提高社会保障和福利待遇来增加公务员和基层职工的实际收入。第三,加强职业培训和晋升机会。通过加强职业培训和技能提升,提高公务员和基层职工的工作能力和竞争力,从而获得更高的工资待遇。同时,应该建立公平的晋升机制,确保每个人都有公平的晋升机会,从而激励他们提高自身素质和能力。

第九章　地方经验

作为全国范围内推进共同富裕的先行示范区，浙江已经明确树立了其发展目标，即力求在全国范围内率先构建起一个以中等收入群体为社会主体力量的橄榄型社会结构。在浙江积极探索与实践的同时，国内其他省份也积极响应国家号召，结合自身的发展实际与区域特色，选定了一批具有代表性的城市作为共同富裕的先行示范区。这些被选中的城市，在推进示范区建设的过程中，探索并积累了扩大中等收入群体的宝贵经验，为各自省份乃至全国范围内的共同富裕探索提供了有益的参考与借鉴。本章对这些共同富裕示范区的基础条件、主要目标及其"扩中"经验进行了资料梳理。

第一节　浙江

一　基础条件

当前，我国发展不平衡不充分问题仍然突出，城乡区域发展和收入分配差距较大，各地区推动共同富裕的基础和条件不尽相同。促进全体人民共同富裕是一项长期艰巨的任务，需要选取部分地区先行先试、作出示范。习近平总书记在浙江工作期间，就深刻认识到推动共同富裕的重要性，将坚持走共同富裕道路视为改革开放以来浙江发展的显著特色和重要方向，为浙江探索和实践共同富裕先行示范区提供了坚实的思想引领和实践基础。浙江在探索解决发展不平衡不充分问题方面取得了明显成效，具备开展共同富裕示范区建设的基础和优势，也存在一些短板弱项，具有广阔的优化空间和发展潜力。从当前情况来看，浙江确实具备了高质量发展并建设共同富裕示范区的诸多优势条件。①

---

① 为何选浙江为共同富裕示范区？国家发改委：有三项考虑［EB/OL］.（2021 - 06 - 11）. https：//baijiahao. baidu. com/s？id=1702223334153519160&wfr=spider&for=pc.

首先，浙江拥有开展共同富裕示范区建设的独特省情条件。中央明确指出，鉴于各地区在推动共同富裕方面的基础和条件存在差异，有必要选择若干条件相对成熟的地区先行示范。浙江正是这样一个具备良好基础和优势的地方，能够为全国其他地区提供可借鉴的省域范例。浙江在地理、人口、经济结构上具有多样性，既有城市也有农村，农村户籍人口占比较高，且人口增长显著，劳动力和人才吸引力强，这些特点使得浙江成为探索共同富裕路径的理想试验田。

其次，浙江在推动共同富裕方面已经具备了坚实的发展基础。一是富裕程度高，经济总量和人均收入均位居全国前列，居民生活水平显著提升。二是发展均衡性好，城乡、区域间收入差距相对较小，体现了较高的协调发展水平。三是改革创新意识强，浙江在多个领域创造了具有全国影响力的改革经验，如"最多跑一次"改革等，展现了敢于创新、勇于探索的精神风貌。这种强烈的改革和创新意识为浙江在共同富裕示范区建设中大胆探索、及时总结经验提供了有力保障。

再次，浙江具备开展先行示范区建设的潜力优势。这可以从浙江发展的数据来看，第一个数据：2020 年城镇和农村居民收入分别跨上 6 万元、3 万元台阶，年均分别增长 7.5%、8.6%。城乡居民收入比值降至 1.96，连续 8 年呈缩小态势。第二个数据：2020 年浙江农民人均消费支出 21555 元，继续稳居全国各省区第一。第三个数据："十三五"期间，浙江省的人均预期寿命由 78.3 岁提高到 79.2 岁，列全国省区第一。第四个数据：2019 年底，浙江全省政务服务事项网上可办率 100%、掌上可办率 80.5%、跑零次可办率 97.4%，连续 16 年居全国前列。第五个数据：群众安全感满意率稳定在 96% 以上，法治浙江群众满意度达到 90.64%，被认为是最具安全感的省份之一。第六个数据：2020 年，浙江城镇新增就业 111.8 万人，全省家庭人均年收入 8000 元以下清零，低收入农户收入增长 14%，农村人居环境测评全国第一。这领先全国的一项项成绩、一串串数字，体现了建设共同富裕示范区的特定优势。①

从全省数据上看，2013~2022 年，浙江省居民人均可支配收入由 29775

---

① "余姚发布"公众号. 共同富裕示范区来了! 为何是浙江? [EB/OL]. (2021-06-21). https：//mp. weixin. qq. com/s?＿＿biz = MzA3MTI2MTAzMA＝＝&mid = 2651245329&idx = 3&sn = 9f35d567d53e24d185a5c360f6f069f0&chksm = 84c22518b3b5ac0e7c1ea4382144921760e94942e4d8a12769771d9f6e2bf2416192faa1102f&scene = 27.

元增长至 60302 元，10 年翻一番；城镇居民人均可支配收入由 37080 元增长至 71268 元；农村居民人均可支配收入由 17494 元增长至 37565 元（见图 9-1）。按照中等收入群体 3.3 万元的人均可支配收入标准来看，浙江居民人均可支配收入在 2015 年达到中等收入标准，城镇居民近 10 年内人均可支配收入均超过中等收入标准，农村居民在 2021 年也超过中等收入标准，可以看出，绝大部分城镇居民和大部分的农村居民已经达到中等收入群体的收入下限标准，浙江中等收入群体占比较高。

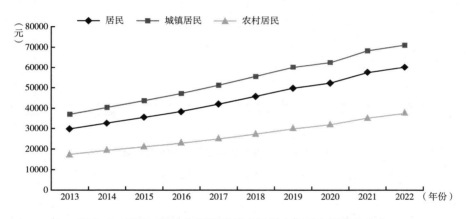

图 9-1　2013~2022 年浙江省城乡居民人均可支配收入变化

资料来源：国家统计局网站。

从各市数据看，2022 年，除了丽水市、衢州市的农村居民人均可支配收入未超过 3.3 万元外，其余各市的城镇、农村居民人均可支配收入均超过 3.3 万元。同时，可以看出，杭州、宁波、绍兴、嘉兴、舟山、湖州的城镇、农村居民人均可支配收入均较高，温州、台州、金华的城镇居民人均可支配收入较高，但农村居民人均可支配收入相对较低，衢州、丽水的城镇、农村居民人均可支配收入均相对较低，不同的收入结构也决定了不同市域的中等收入群体占比也必将不同，所采取的"扩中"策略也会有所差异（见图 9-2）。

二　总体路径与四个原则

1. 发展目标

当 2021 年 6 月 10 日，《中共中央 国务院关于支持浙江高质量发展建设

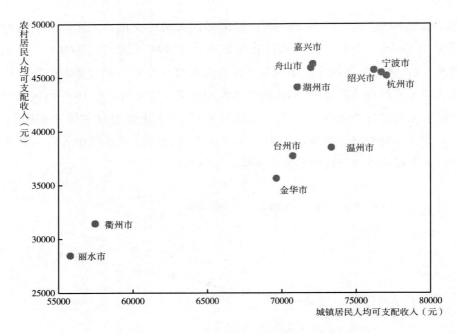

图 9-2　2022 年浙江省各市城乡居民人均可支配收入变化

资料来源：浙江省各市《2022 年国民经济和社会发展统计公报》。

共同富裕示范区的意见》① 发布，支持鼓励浙江先行探索高质量发展建设共
同富裕示范区。浙江省委表示将承担高质量发展建设共同富裕示范区的重
大使命，计划到 2025 年推动示范区建设取得明显实质性进展；到 2035 年，
高质量发展取得更大成就，基本实现共同富裕，率先探索建设共同富裕美
好社会。

　　2021 年 7 月，浙江省就开始研究起草《浙江省"扩中""提低"行动
方案》，目标是推动率先基本形成以中等收入群体为主体的橄榄型社会结
构。聚焦这一目标，浙江还提出了量化目标，核心指标就是到 2025 年，浙
江家庭年可支配收入 10 万~50 万元群体比例要达到 80%、20 万~60 万元群
体比例要达到 45%。

---

① 中共中央 国务院关于支持浙江高质量发展建设共同富裕示范区的意见 [EB/OL]. (2021-06-
10). https://www.gov.cn/zhengce/2021-06/10/content_ 5616833. htm.

2. 四个原则

浙江省在推进"扩中""提低"过程中，重点把握四个原则。①

（1）坚持市场决定和政府调节相结合，充分发挥市场在资源配置中的决定性作用，更好发挥政府对收入分配的调节作用。

（2）坚持提高效率和注重公平相结合，探索构建初次分配、再分配、三次分配协调配套的基础性制度安排，形成合理分配结果。

（3）坚持增加收入和减少支出相结合，在多渠道提高收入的同时，加大力度减少在教育、住房等方面的不合理支出。

（4）坚持尽力而为和量力而行相结合，把保障和改善民生建立在经济发展和财力可持续的基础上，不吊胃口、不养懒汉。

浙江从"社会结构系统性优化"的全局出发，提出了促就业、激活力、拓渠道、优分配、强能力、重帮扶、减负担、扬新风八大路径，切实发挥好"扩中""提低"改革对共同富裕各领域改革的牵引带动作用。比如，在促就业方面，提出了健全就业促进机制、着力解决就业结构性矛盾、营造公平就业环境等举措；在优分配方面，提出了建立健全科学的工资制度、创新完善有利于调节收入差距的财税政策制度、完善公平可持续的社会保障体系、加快构建新型慈善体系等举措；在强能力方面，提出了推进基础教育优质均衡、增强职业教育适应能力、提升高等教育发展质量、完善终身教育开放共享体系等举措。

三　主要实践：分群施策

浙江省当前阶段扩大中等收入群体重点关注的九类群体，包括技术工人、科研人员、中小企业主和个体工商户、高校毕业生、高素质农民、新就业形态从业人员、进城农民工、低收入农户、困难群体。按照全面覆盖和精准施策相结合的原则，在推动八大实施路径全面落地的基础上，瞄准增收潜力大、带动能力强的"扩中"重点群体和收入水平低、发展能力弱的"提低"重点群体，率先推出一批差别化收入分配激励政策。

浙江省通过聚焦重点群体，坚持分类施策，针对重点群体提出更有

---

① 浙江"扩中""提低"原则：不吊胃口、不做过头事、不养懒汉［EB/OL］.（2021-09-18）. https：//baijiahao. baidu. com/s？id=1711211368859659440&wfr=spider&for=pc.

针对性和操作性的政策举措。"扩中"群体主要包括产业工人、专业技术人员、个体工商户与小微创业者等,"提低"群体主要包括低收入农户、进城务工人员、困难群体等。同时,构建"共性+专项"的公共政策工具箱,针对共性问题创新完善普惠性政策,针对重点群体制定专题性增收激励方案。构建"全面覆盖+精准画像"的群体结构数据库,在科学分析基础上,编制经得起各方推敲、经得起实践检验、群众有获得感认同度的行动方案。

案例 1:台州建设技能型社会

浙江台州是技能型社会建设试点城市。2021 年以来,浙江台州实施技术工人"扩中"改革,成为全省首个全市域技能型社会建设试点,并编制形成了全国首个技能型社会建设规划。推进技能型社会建设,推动技术工人"技能创富",已成为当地扩大中等收入群体、迈向共同富裕的重要路径。作为拥有 128 万名技术工人的民营制造业大市,台州聚焦构建技能培育体系、技能创富体系、技能生态体系三大支撑,率先编制《技能型社会建设规划(2022~2025)》,探索了多元办学、工学一体、职技融通等"十八招法",初步形成特色鲜明的"台州样本",为我国技能型社会建设闯关探路。

目前,台州拥有 128 万名技术工人,技能人才约占全市人口总数的 20%。台州市委书记李跃旗表示,台州的关键做法就是通过建立健全技能提升体系、技能创富体系、技能生态体系,理顺技术工人群体与企业经营主体这对基本关系,构建"职工增技、企业增效、职工增收"正向循环,形成可长期坚持、持续发展的共富路径。

台州积极开展集成式创新和示范试点,探索形成了依托技能型社会建设推动"技能创富"的有效模式。当地出台《台州市技能创富型企业激励办法》,发放工匠培育激励,将技术工人比例和薪资待遇与企业用地、用能、亩均评价、技改补贴等挂钩,从政策供给上引导和激励企业提高技术工人待遇。因实施技能挂钩激励,2022 年台州市技术工人薪酬平均增长 8.4%。

此外,台州还积极探索技能型社会基本单元建设,打造了技能型小镇、技能型乡村、技能型社区、技能型学校、技能体验中心等一批示范单元,为推进技能型社会建设作出示范、积累经验。

资料来源：浙江台州建设技能型社会［EB/OL］．（2023-12-03）．https：//baijiahao.baidu.com/s？id=1784210380681750701&wfr=spider&for=pc.

案例2：金华市推进中小企业和个体工商户高质量发展

2023年9月，为持续深化个体工商户分型分类培育工作，以更加有效的举措促进个体经济长期健康发展，充分发挥个体经济在稳增长、促就业、惠民生中的重要作用，为"打造国际枢纽城、奋进现代都市区"贡献个体经济力量，金华市市场监管局发布《金华市推进中小企业和个体工商户高质量发展实施方案》（下称《实施方案》）。

（1）聚焦重点群体，聚力"扩中""提低"。扩大中等收入群体、提高低收入群体收入是推进收入分配制度改革的重要一环。中小企业主和个体工商户是金华扩大中等收入群体规模的重要一部分。

《实施方案》明确提出，要做多市场主体数量，到2025年，全市中小企业和个体工商户总量达到180万户，盈利能力和市场竞争力不断增强；要做强创业创新活力，到2025年，制造业两化融合发展指数达到110以上，活跃网店数量达到15.3万家，年度交易额亿元以上商品交易市场数量达到91家；要做实资源要素保障，到2025年，建设省级以上科技企业孵化器、众创空间等创新载体100家，用于小微企业贷款余额达到9000亿元，个体工商户经营性贷款余额达到2850亿元，每年为企业减负200亿元以上。

（2）实施五大行动，做大做强市场主体。《实施方案》提出，针对企业规模小、科技含量低、人才支撑弱、分配不均衡等问题需求，实施五大行动。

实施市场主体"扩面"行动。通过持续深化"企业开办"一件事改革、全力推进"准入准营"一件事改革、试点商事主体登记确认制改革，全域推行极简审批；通过实施职业技能提升行动、创新职业技能培训内容方式、打造一体化创业服务体系，落实创业多维培训。此外，推进包容审慎监管，为中小微企业、新业态、创新型企业在发展初期提供更宽松的制度环境。

实施市场主体"赋能"行动。在强化科技赋能方面，完善"众创—孵化—产业化"的创新孵化体系，实施科技企业"双倍增"攻坚行动，深化企业码平台应用，迭代升级"金管家"平台，依托数字化手段，推动从"人找政策"向"政策找人"转变。在实施金融赋能方面，加强金融对实体经济的有效支持，扩大普惠金融覆盖面；升级保就业保市场主体融资服务，"双保"贷款支持主体从"受疫情影响企业"扩大至"暂遇困难但发展前景良好的中小微企业"；加大中小企业低碳绿色发展金融支持力度。在推进减负赋能方面，组织落实减税降费各项优惠政策、全面开展涉企违规收费专项整治、精准落实社保减免政策。

实施重点产业"培育"行动。首先，通过引导产业适时转向、推动有效集成创新、鼓励引导"专精特新"发展，塑造制造业金华独特竞争力。其次，通过谋划实施产业链挖潜培育计划、加快推动传统商品专业市场"互联网+"转型升级、全面开展农贸市场五化改造提升，挖掘市场存量潜力。最后，发挥跨境电子商务综合试验区的政策优势，加快电子商务产业集聚增量发展，提升国家跨境电商综合试验区竞争力，锻造电商行业发展长板。

实施市场主体"清虚"行动。降低市场主体退出条件，进一步清理市场主体虚数，更好实现市场主体"全面覆盖+精准画像"。

实施创业文化"涵养"行动。深入挖掘八婺优秀传统文化，打造"创金华·共未来"品牌；市级每年培育选树"十大创业创富领军人物、十大创业创富示范企业"和一批可学可鉴的最佳案例，营造全民创业热潮；在全社会大力弘扬尊重劳动、尊重知识、尊重人才、尊重创造的理念，使一切有利于社会进步的创业创新创造愿望得到鼓励、行动得到支持、成果得到尊重，形成创业、创新、创造、创意、创富"五创"生态。

（3）建立五大机制，打造标志性成果。《实施方案》是专门聚焦中小企业和个体工商户的"扩中""提低"子方案。金华是全省第一个实施制定推进中小企业和个体工商户高质量发展实施方案的地市。

为了实现一到两年全面起势、初见成效，三到四年不断迭代升级、深化提质，打造一批有金华辨识度的标志性成果的目标，《实施方案》建立清单化工作机制、系统化推进机制、指数化评价机制、品牌化推广机制、制度化保障机制。同时，探索建立"小微企业活力指数、高质量就业指数、科技创新指数、营商环境指数、专业市场贡献度指数"测算、监测与发布，有效形成创业创新评价体系。《实施方案》在利用科技、金融、减负等方式给中小企业和个体工商户赋能外，还重点针对制造业、市场、电商等三块领域专门制定相关培育举措。

资料来源：政策 | 《金华市推进中小企业和个体工商户高质量发展实施方案》解读 [EB/OL]. (2022-05-05). https://www.sohu.com/a/543887398_ 121123919.

案例3：推进农民农村"扩中""提低"

2022年9月，为加快缩小城乡区域差距、收入差距，浙江省委农办研究制定《浙江省推进农民农村"扩中""提低"工作方案》（下称《方案》），力争到2025年实现农村家庭年可支配收入10万元至50万元群体比例达到80%、20万元至60万元群体比例达到40%，加快形成以中等收入农民群体为主体的橄榄型农村社会结构。

其中，"扩中""提低"，"三农"领域是发力重点。在《方案》重点关注的九类群体中，高素质农民、进城农民工、低收入农户都与该领域关系密切，而《方案》对农民群体进一步细分，形成新型农业经营主体、乡村新业态从业人员、农村蓝领工匠、职业技能农民、进城农民工和低收入农户共六种分类施策人群。

这依托于农业农村领域"扩中""提低"的人群画像。据了解，为全面掌握当前全省农民收入水平和增收现实需求，2021年以来，浙江省农业农村厅综合考虑农民可支配收入水平及山区、海岛、平原等地理特征因素，从全省11个设区市选取20个县（市、区），又从中选择241个典型村庄、10150户农民家庭收入情况进行样本分析，在此基础上明确了《方案》的实现目标、具体实施路径、实施计划等。

从收入结构看，浙江省农户家庭收入的主要来源是工资性收入和经营性收入，结构有待进一步优化。为此，《方案》聚焦农民工资性收入持续增加、经营净收入高速增长、财产净收入加快补短、转移净收入更好普惠、优质公共服务均等共享等五大路径，进一步升级"六促共富"组合拳，实施十大行动计划。

"十大行动计划结合共性与个性，既有针对某类重点群体的计划，也有普惠性的举措。"从职业类型看，乡村企业主、外出创业人群、乡村工匠是农业农村领域"扩中"的领头羊，而新型农业经营主体、乡村新业态经营者是最大"潜力股"。为此,《方案》提出实施高素质农民培育引领创业计划、千万农民培训赋能促进就业计划,以推动农民群体更好创业就业、扩大农民转移就业,力求实现中等收入群体规模稳步扩容。

"提低"方面,低收入农户和山区 26 县是重中之重。《方案》提出,实施低收入农户"一户一策"集成帮扶计划、山区 26 县强县富民计划。聚焦低收入农户"提低",持续深化集成帮扶改革。探索建立重大项目吸纳就业机制,确保有劳动能力的低收入家庭至少有一人就业。2021 年,全省已安排公益岗位 1.4 万个,让 2.85 万低收入农户受益。

深入打造新型帮共体、扎实推进"飞地"经济等外部牵引式发力,着力推动山区 26 县"扩中""提低"。同时,将通过农业全产业链培育、农村集体经济改革、产权激活促富、未来乡村建设等举措增强乡村振兴内生动力。确立一批农业农村领域"扩中""提低"动态监测分析点,探索构建相关人群"精准画像"数据库,动态调整行动的有效落点、攻坚重点。

资料来源:浙江出台农民农村"扩中""提低"工作方案 [EB/OL]. (2022-09-18). https://www.zj.gov.cn/art/2022/9/18/art_ 1554467_ 59827118. html.

第二节　山东威海

2023 年山东省政府工作报告提出,支持威海、东营等有条件的市探索建设共同富裕先行区。2022 年 5 月,威海出台《威海市打造共同富裕先行区实施方案 (2022~2025 年)》,从 6 个方面确定 42 项具体指标,提出 26 项具体举措,推动以实现群体共富、城乡共富、区域共富、物质精神共富为目标,以全民共享、全域精致、全龄友好、全城文明、全程民主、全面发展为方向,健全促进共同富裕的工作体系,加强重点领域改革和体制机制创新,探索和完善促进共同富裕的政策措施,扎实走出共同富裕的威海路径。

一　基础条件①

威海之所以被选定为共同富裕先行区,源于其具备的一系列坚实基础条

---

① 先行先试,威海探路共同富裕先行区 [EB/OL]. (2023-03-15). https://baijiahao. baidu. com/s? id=1760446320333004153&wfr=spider&for=pc.

件，这些条件在山东省乃至全国范围内均显得尤为突出。从山东全省视角审视，威海经济总量适中且发展质量上乘，产业结构优化合理，人均收入水平较高，且地域规模适中，便于政策实施与效果评估。在市域内部，威海全域发展均衡，城乡、区域间的差距相对较小，呈现出"小而精""高而均"的鲜明特点，为在山东率先探索共同富裕路径提供了得天独厚的条件。

具体而言，威海的优势可概括为以下六大方面。

经济发展协调均衡：威海的人均地区生产总值与居民人均可支配收入均位居全省前列，显示出强劲的经济增长动力与良好的民生福祉。同时，常住人口城镇化率已突破 70%，标志着威海在城市化进程中取得了显著成就。

特色产业优势显著：威海拥有一批特色鲜明、竞争力强的产业集群及产业链，为经济发展注入了强大活力。作为国家创新型城市，威海高新技术产业产值占比位居全省首位，在创新驱动发展战略中具有领先地位。

公共服务优质均等：威海政府高度重视民生投入，民生支出占一般公共预算收入的比重持续保持在 75% 以上，确保了公共服务的充足供给。在人均期望寿命、义务教育优质均衡发展等方面，威海均走在全国前列，体现了其公共服务体系的高质量与均等化。

绿色发展成效显著：威海全域已建成国家生态文明建设示范区，能耗总量和能耗强度指标在全省范围内表现优异，展现了其坚持绿色发展理念、推动生态文明建设的成果。

精致城市建设成果丰硕：威海致力于打造宜居宜业宜游的城市环境，城市宜居指数持续保持全国前列，连续三年被评为"中国最具幸福感城市"。

文化软实力持续提升：威海积极推进文明城市创建工作，实现新时代文明实践中心、所、站建设全覆盖，为提升市民文明素质、弘扬社会正能量提供了有力支撑。同时，扎实推进国家公共文化服务体系示范区建设，阅读空间遍布城乡，营造了浓厚的文化氛围，进一步提升了威海的文化软实力。

二　主要目标①

威海将以"六个更"为切入点，发挥好自身优势，在高质量发展中促

---

① 打造共同富裕先行区 威海有何底气？［EB/OL］.（2022-09-16）. https：//baijiahao.baidu.com/s？id=1744097243877409364&wfr=spider&for=pc.

进共同富裕。

让城乡区域发展更协调。坚持全域一体,对产业空间、居住空间、基础设施和公共服务进行统筹布局。坚持城乡融合,推进基本公共服务在城乡标准统一、制度并轨,全力打造乡村振兴样板片区,提升农村生产生活水平。大力发展特色主导产业,畅通城乡经济循环,提高发展质量效益,夯实共同富裕的物质基础。

让收入分配更合理。全力打造就业友好型城市,鼓励勤劳创新致富,进一步壮大高技能人才队伍,推动重点人群迈向中等收入群体,提高低收入群体收入,完善差别化收入分配政策体系,探索以信用奖励、社会荣誉等为基础的三次分配制度,推动形成人人享有的合理分配格局。

让公共服务更优质。以打造全龄友好型城市为抓手,以群众的多层次需求为导向,将包容互助和柔性关爱理念渗透到城市规划、建设、管理的各个环节,充分满足市民从出生,到成长、教育、工作、养老等不同阶段的物质和精神需求,构建覆盖全人群、全生命周期的高质量公共服务体系。

让文明底色更亮丽。共同富裕既要富"口袋",也要富"脑袋"。威海将深入实施"精致城市·文明市民"培育行动,推进志愿服务常态化、制度化,加快推进城市书房、乡村书房等文化设施建设,不断满足人民群众多样化、多层次、多方面的精神文化需求,争创全国文明典范城市。

让生态环境更美丽。"良好生态环境是最公平的公共产品,是最普惠的民生福祉"。威海有良好的自然环境,威海将继续践行"绿水青山就是金山银山"理念,持续打好污染防治攻坚战,巩固生态环境优势。

让社会治理更高效。进一步深化"六治一网"社会治理模式,提升基层治理能力,争创首批全国市域社会治理现代化试点合格市。统筹发展和安全,坚决守住安全底线,高水平建设平安威海。

三 主要实践:创业威海十大推进行动①

2023 年 3 月 7 日,威海市人力资源和社会保障局等 11 部门发布关于实施

① 威海市人力资源和社会保障局等 11 部门关于实施"创业威海十大推进行动"促进共同富裕先行区创建的通知 [EB/OL].(2023-03-07). https://www.weihai.gov.cn/attach/0/9b4b397f5a7f4b94b3cbf3728622e9dc.pdf.

"创业威海十大推进行动"促进共同富裕先行区创建的通知，主要目的是为进一步促进大众创业万众创新纵深发展，加快建设全龄友好型城市，最大限度释放全社会的创新创造潜能，创建共同富裕先行区。主要举措如下。

（1）实施"创业环境优化行动"。全面落实金融财税、产业生态等创业政策；优化政府鼓励创业、社会支持创业、个人勇于创业的创业环境；进一步优化涉企服务，开展"创业精英汇"评选活动等。

（2）实施"重点群体培育行动"。支持高校毕业生创业，支持农民工返乡入乡创业，支持就业困难人员创业，支持事业单位专业技术人员按照有关规定创新创业，支持各类人才创业等。

（3）实施"创业政策扶持行动"。完善创业扶持政策，降低创业融资成本，加大对初创实体、小微企业支持力度；认真落实山东省创业担保贷款管理办法，将新市民纳入政策扶持范围；积极推进"创业贷＋商贷"，解决小微企业融资难等。

（4）实施"重点企业领创行动"。支持威高集团、三角集团等重点企业成立创新创业中心等孵化器、加速器平台。强化供需对接，在企业技能人才自主评价、典型人物选树、职业技能培训等方面提供专业化、精准化指导服务等。

（5）实施"创业载体升级行动"。加强对各类创业孵化基地、园区以及企业创新综合体的管理和指导。对毕业5年内高校毕业生给予创业场所租赁补贴，政府投资开发的创业载体应安排30%左右的场地免费向大学生和高校毕业生创业者提供等。

（6）实施"创业培训赋能行动"。加强创业培训，鼓励开展有针对性的个性化培训。选拔有持续发展和领军潜力的小微企业和初创企业经营者，开展创业训练营活动。举办中青年企业家培训班，每年培训30名以上优秀青年企业家等。

（7）实施"金融产品助力行动"。进一步改善融资环境，落实国家和省金融支持优惠政策，拓宽初创企业融资渠道。加大对天使投资的支持力度。支持中国银行威海分行等金融机构推出稳岗扩岗专项贷款等。

（8）实施"灵活就业保障行动"。优化新就业形态就业供需匹配。鼓励包括从事农业生产的灵活就业人员个人身份在就业创业地或户籍地参加企业职工基本养老保险、职工基本医疗保险。落实新就业形态灵活就业意外伤害保险补贴等。

（9）实施"创业服务护航行动"。鼓励各类创业平台突出自身特点和优势，创新载体模式。积极开展"创业服务一件事"试点工作，为创业者提供全生命周期创业场景模拟。加强创业导师管理，争创省级创业导师工作室试点等。

（10）实施"创业典型示范行动"。定期举办威海市创业大赛。定期举办创业论坛、创业沙龙等活动，为创业典型搭建交流学习、分享经验、拓展合作的平台，形成"互联互通、互补互助"的良好交流机制等。

第三节　河南许昌

2021 年 9 月，在建党百年的重要历史节点，许昌市八次党代会以前瞻30 年的战略眼光，在全省率先提出"推进城乡融合共同富裕先行试验区建设"。2022 年 11 月，河南省委、省政府印发《关于支持许昌高质量建设城乡融合共同富裕先行试验区的意见》，赋予许昌把城乡融合发展试验与共同富裕试点结合起来、探索符合河南实际的共同富裕路径的重大使命。2023年 2 月，《许昌市高质量建设城乡融合共同富裕先行试验区实施方案》出台，向城乡融合共同富裕先行试验区建设迈出重要一步。

一　基础条件

许昌市作为探索共同富裕路径的先行区，其代表性强，主要基于以下几方面显著优势。①

适中的城市规模与均衡的人口结构。许昌市城市规模适中，人口数量恰到好处，既便于政策实施与管理，又保证了充足的劳动力资源。其城镇人口与乡村人口比例相对平衡（城镇人口占比 53.5%，乡村人口占比46.5%），这一特点使得许昌在推动城乡一体化发展、缩小城乡差距方面具有得天独厚的条件，其成功经验在全省范围内更易于复制与推广。

---

① 许昌：城乡融合显优势 共同富裕走在前［EB/OL］.（2022-04-13）. https：//www. henan. gov. cn/2022/04-13/2430669. html.

雄厚的经济综合实力。许昌市经济综合实力稳居河南省前列，2022年经济总量达到3746.8亿元，位居全省第四。人均生产总值更是超越了国际公认的中上等收入水平标准，位居全省第三。

优化的产业结构与坚实的经济基础。许昌市产业结构合理，三次产业协调发展（2021年，许昌第一产业占比5.0%，第二产业占比52.3%，第三产业占比42.7%）。其中，工业尤其是制造业竞争力强劲，服务业增长迅速，农业产业化水平高，新型农业经济主体数量超过1.3万家，为经济持续健康发展奠定了坚实基础。

城乡融合发展的先行者。许昌市作为河南省唯一入选的国家城乡融合发展试验区，承担着探索城乡融合共同富裕体制机制的重要任务。通过实施农村集体经营性建设用地入市制度、完善农村资产抵押担保产权权能等改革措施，许昌市在促进城乡要素自由流动、公共资源均衡配置等方面取得了显著成效，为全省乃至全国提供了宝贵经验。

民营经济的蓬勃发展。许昌市民营经济发达，是河南省民营经济最为活跃的地区之一，被誉为"河南的温州"。全市拥有32.5万户民营经济经营主体和8.7万家民营企业，这些市场主体遍布城乡，为共同富裕的实现提供了广泛的社会基础。

强烈的改革创新意识。许昌市具有敢为人先、勇于创新的改革精神。在政务服务领域，许昌市实现了2046个市级政务服务事项的"不见面审批"和1324个事项的"即来即办"，政务服务效率位居全省前列。这种强烈的改革创新意识为许昌市在共同富裕道路上不断探索新路径、创造新经验提供了不竭动力。

二 主要目标

2023年2月，《许昌市高质量建设城乡融合共同富裕先行试验区实施方案》（下称《方案》）发布，提出"两步走"发展目标，着力构建"1+1+9+N"政策体系，通过实施"九大行动"，到2025年，城乡融合共同富裕先行试验区建设取得明显实质性进展，基本建立城乡融合共同富裕体制机制和政策框架，形成一批可复制、可推广的经验；到2035年，基本建成现代化强市，城乡协调发展程度更高，收入和财富分配格局更加优化，基本实现治理体系和治理能力现代化，物质文明、政治文明、精神文明、社会文明、生态文明全面提升，共同富裕的制度体系更加完善。①

三 主要实践：《优化收入分配建设城乡融合共同富裕先行试验区工作方案》②

工作方案。实施增收富民行动，在优化收入分配上先行示范。推动实现更加充分、更高质量就业。全面提高居民收入水平。着力扩大中等收入群体规模。推进社保制度精准化结构性改革。完善财政政策调节收入机制。大力发展公益慈善事业。

主要目标。到 2025 年，实现更加充分更高质量就业，城乡居民收入增速、就业水平、社会保障等主要指标高于全省平均水平。城乡居民收入倍差缩小到 1.65，县域之间居民收入倍差持续缩小，城镇居民、农村居民内部高低收入人群收入差距持续缩小，低收入群体增收能力和社会福利水平不断提升。到 2025 年，城镇新增就业每年 5 万人以上，确保技能人才每年新增 9 万人以上，技能人才占从业人员比例为 40% 以上，城镇调查失业率不高于 5.5%。全市居民人均可支配收入达到 4.1 万元，家庭年可支配收入 8 万~50 万元的群体比例达到 70%。城乡居民基本养老保险人均养老金提高到每月 180 元。到 2035 年，城乡居民收入达到中西部地区先进水平，收入和财富格局更加优化。

1. 拓宽就业渠道，实现更高质量更加充分就业

为落实就业优先政策，许昌市将聚力支持稳定和扩大就业，提升重大政策规划、重大工程项目、重大产业布局对就业的促进作用，优先发展就业带动能力强的产业，培育新的就业增长极，确保每年城镇新增就业 5 万人以上、农村劳动力转移就业 2 万人以上。

围绕创建全国公共就业创业服务示范城市，许昌市将强化基层公共就业服务机构建设，推进河南省"互联网+就业创业"信息系统广泛应用，打

---

① 《许昌市高质量建设城乡融合共同富裕先行试验区实施方案》出台——探索符合河南实际的共同富裕路径 [EB/OL]. (2023-02-22). https：//www.henan.gov.cn/2023/02-22/2693606.html.

② 许昌市印发《优化收入分配建设城乡融合共同富裕先行试验区工作方案》推进城乡融合共"富"美好未来 [EB/OL]. (2023-07-31). https：//www.henan.gov.cn/2023/07-31/2787819.html.

造"15分钟就业服务圈",持续巩固提升覆盖全民、贯穿全程、辐射全域、便捷高效的全方位公共就业服务体系。

对于重点群体,许昌市将不断完善高校毕业生、退役军人和农民工等重点群体就业支持体系,实施"三支一扶"和高校毕业生基层成长计划,建立登记失业人员分级分类服务制度,加强就业困难人员培训、托底安置和帮扶,确保零就业家庭动态清零。

进一步健全创业扶持政策,实施重点群体创业推进行动,完善创业培训、创业贷款、创业孵化、创业服务"四位一体"创业服务体系建设,每年开展创业培训0.7万人以上,每年新增发放创业担保贷款5亿元以上。

高质量推进"人人持证、技能河南"建设工作,加强企业职工培训,持续实施企业新型学徒制培训项目,推动学历教育与职业培训并举、校企合作与产教融合发展,确保每年新增技能人才9万人以上,推动全市劳动者技能就业、技能增收。

2. 健全工资合理增长机制,切实提高中低收入群体收入

《方案》指出,许昌市将完善最低工资标准与经济增长、社会平均工资增长联动机制,推进企业薪酬制度改革,深化市属国有企业工资内部分配制度改革,推行企业工资集体协商制度,实现职工收入与企业效益增长良性互动。同时,以非公有制企业为重点,完善分配和再分配机制,增加一线劳动者劳动报酬,提高劳动报酬在初次分配中的比重,提高低收入群体收入,扩大中等收入群体。

在提高城乡居民收入方面,推进农村宅基地制度改革,完善承包地"三权分置"制度,稳妥推进宅基地制度改革,拓展农民房屋财产权更丰富的权能实现形式,不断促进农民增收。提高城乡居民经营性收入,坚持"放水养鱼"富民导向,建立健全支持个体工商户发展的政策制度。积极培育壮大农业龙头企业、农民专业合作社、家庭农场等新型农业经营主体,建立与农户开展订单收购、服务带动、股份合作等多样化的利益联结方式,推广"飞地抱团+低收入家庭持股增收"模式,推动农民收入稳定增长。

对于中等收入群体而言,许昌市将实施中等收入群体规模稳步增长计划,健全扶持中等收入群体后备军发展的政策体系,提高高校和职业院校毕业生、技能型劳动者、农民工等群体收入。加大人力资本投入力度,激发技能人才、科研人员、小微创业者、高素质农民等重点群体增收潜力。

减轻中等收入家庭在教育、医疗、养老、育幼、住房等方面的支出压力，稳定中等收入群体。实施党群创业共富工程，推动党支部领办合作社，推进乡村片区化、组团式发展，探索党建统领先富带后富实现共同富裕的机制和路径。

3. 织密社保网络，不断提升群众幸福感获得感

《方案》指出，许昌市将从 4 个方面不断健全完善社会保障体系，不断提升群众的安全感、获得感、幸福感。

实现社会保障应保尽保。巩固城镇职工基本养老保险法定人群全覆盖成果，促进有意愿、有缴费能力的灵活就业人员、新就业形态从业人员等参加企业职工基本养老保险。落实缴费困难群体帮扶政策，促进城乡居民基本养老保险适龄参保人员应保尽保。加强失业保险参保扩面工作，重点推动中小微企业和农民工等单位和人群积极参加失业保险。探索新型工伤保险参保方式，鼓励新业态从业人员积极参加工伤保险，持续扩大工伤保险覆盖面。

完善基本养老保险制度。落实企业职工基本养老保险全国统筹制度。深化机关事业单位养老保险制度改革，推进制度平稳运行。发展多层次、多支柱养老保险体系，推动企业年金、职业年金、个人养老金制度规范发展。落实被征地农民参加基本养老保险政策。

落实社会保险待遇调整机制。落实城乡居民基本养老保险待遇确定和基础养老金正常调整机制，推动城乡居民基本养老保险待遇水平逐步提高。按照上级统一部署，认真落实企业职工基本养老保险、工伤保险、失业保险待遇调整工作，确保各项社保待遇按时足额发放。推广社保数字证书，落实社保业务办理"不见面""网上办"服务模式。

强化劳动保障监察作用。落实建筑工程领域保障农民工工资支付有关要求，加强劳动保障监察执法检查，畅通投诉举报渠道，及时受理、查处欠薪案件，确保劳动者按时足额拿到工资。

4. 统筹财政资源，发展慈善事业

统筹财政资源是实现共同富裕的重要措施。为缩小群体收入差距、城乡差距和区域差距，《方案》表明，许昌市将优化财政支出结构、用好财政直达资金、发挥土地出让收入作用、创新涉农财政性建设资金使用方式、发挥税收调节收入作用，把"蛋糕"切好分好。此外，《方案》还表明，许

昌市将高质量发展慈善事业，通过第三次分配对初次分配和再分配进行补充，确保共同富裕的目标如期实现。

第四节　四川攀枝花

2022年底，四川省委、省政府印发《关于支持攀枝花高质量发展建设共同富裕试验区的意见》，明确攀枝花为全省高质量发展建设共同富裕试验区，积极探索共同富裕实现路径。2023年，攀枝花聚焦缩小地区、收入、城乡、"三大差距"，统筹推进"四化同步"，大力实施区域协同共富、强村富民等"六大行动"，探索构建了共同富裕试验区建设评价体系。在"扩中"方面，攀枝花市创新开展了"消底、提低、扩中"行动，开展以万元为阶梯进行家庭收入摸底，对低收入群体、中等收入群体精准施策，动态消除三口之家年收入低于3万元的情况，着力推动年收入3万至4万元的三口之家向4万元以上迈进，年收入9万至10万元的三口之家向10万元以上迈进，基本实现台账管理、动态监测、精准施策。

一　基础条件

建设共同富裕试验区，攀枝花基础条件较好。[①]

经济基础坚实且稳步增长。攀枝花市展现出坚实的经济基础与持续的增长动力。2021年，其地区生产总值（GDP）达到1133.95亿元，同比增长8.3%，增速略高于全省平均水平。2013~2021年，攀枝花市GDP实现了从740.03亿元至1133.95亿元的显著增长，增幅高达53.23%，反映出经济总量的持续扩张与质量的稳步提升。

创新意识显著，改革成果丰硕。作为三线建设的重要新兴工业城市，攀枝花市深植敢为人先、勇于创新的基因。近年来，攀枝花市在多个领域取得了改革创新的突破性进展，如市场准入"自公告"预服务制度获得国务院办公厅的高度认可与表彰；"三说会堂"模式在矛盾纠纷多元化解方面的成功经验被全国推广；"一窗通办、一网通行"改革成为全省深化"放管

---

① 建设共同富裕试验区 攀枝花缘何成为四川"探路先锋"？［EB/OL］．（2023-01-03）．http：//www.panzhihua.gov.cn/zwgk/gzdt/bdyw/4362632.shtml。

服"改革、优化营商环境的典范，并荣获先进集体称号。此外，攀枝花市还成功入选全国第三批城市公立医院综合改革试点城市。

城镇化水平高，城乡发展均衡。攀枝花市在城镇化建设方面取得了显著成就，尽管城市规模与人口数量相对适中，但其工业化率与城镇化率均处于较高水平，分别接近50%与70%，在四川省乃至西部地区均名列前茅。2021年末，攀枝花市常住人口城镇化率达到69.92%，仅次于成都市，位居全省第二。同时，该市城乡人口比例相对平衡，为城乡一体化发展奠定了坚实基础。在经济发展方面，城乡居民收入稳步增长且差距逐步缩小，城镇居民与农村居民人均可支配收入分别增长8.4%与10.2%，城乡收入比缩小至2.18。

产业发展势头强劲，民营经济活跃。攀枝花市产业发展呈现出多元化与强劲的增长势头，2021年，第一产业、第二产业与第三产业均实现了稳步增长，对经济增长的贡献率分别达到8.7%、44.7%与46.6%，共同拉动经济快速增长。其中，第三产业增速尤为突出，达到10.7%，成为经济增长的重要引擎。此外，民营经济在攀枝花市经济发展中占据重要地位，2021年民营经济增加值达到585.70亿元，占GDP比重超过一半（51.7%），对经济增长的贡献率高达51.1%。

二　主要目标

到2025年，攀枝花推动高质量发展建设共同富裕试验区迈出坚实步伐。经济发展质量效益明显提高，特色优势产业发展能级实现跃升，人均地区生产总值和城乡居民收入持续增长并稳居全省前列；城乡区域发展差距、城乡居民收入比持续缩小，农业农村发展总体水平稳步提升，基本形成以中等收入群体为主体的橄榄型社会结构；基本公共服务均等化水平明显提升，生态文明建设取得新成效，市域社会治理现代化取得重大进展，人民群众精神文化生活迈上新台阶；推动共同富裕的体制机制和政策框架基本建立，形成一批可复制可推广的成功经验。

到2035年，攀枝花高质量发展取得更大成就，共同富裕试验区建设取得更为明显的实质性进展。人均地区生产总值和城乡居民收入位居中西部前列，城乡区域协调发展，农村基本具备现代生活条件，收入和财富分配格局更加优化，基本公共服务实现均等化，生态环境更加优美，市域社会治理体系和治理能力基本实现现代化，人民群众享有更高质量的精神文化生活，推动共同富裕的制度体系更加健全。①

三　主要实践：持续扩大中等收入群体

《关于支持攀枝花高质量发展建设共同富裕试验区的意见》中，扎实推进共同富裕的重点任务之一为"持续扩大中等收入群体"。具体如下。

（1）实施中等收入群体递增计划。聚焦重点群体精准施策，促进高质量充分就业，推动更多低收入群体跨入中等收入群体行列。多渠道拓展高校毕业生、退役军人就业岗位。加大技能人才培养力度，建设"攀西工匠城"。完善促进中小微企业和个体工商户发展的政策体系。加强农民工就业创业服务保障，构建县乡村三级劳务服务体系，打造攀西特色劳务品牌。

（2）促进低收入群体持续增收。健全统一的城乡低收入群体精准识别机制，对易返贫致贫人口加强监测、及早干预，确保不发生规模性返贫。加强低收入群体职业技能培训、创业帮扶。积极开发公益性岗位，强化就业困难人员托底安置，鼓励灵活就业，动态消除零就业家庭。完善最低工资标准与经济增长、社会平均工资增长联动机制。

（3）探索完善分配制度。综合运用初次分配、再分配、第三次分配手段，不断优化收入分配格局。合理提高劳动报酬在初次分配中的比重，探索知识、技术、管理、数据等要素参与分配机制。加大社会保障、转移支付等调节力度，保护合法收入，取缔非法收入。充分发挥第三次分配作用，建立健全回报社会的激励机制，打造"慈善花城"品牌。

2025 年 1 月 4 日，四川攀枝花市召开市委新闻发布会，解读攀枝花市委十一届八次全会相关精神。2024 年以来，攀枝花市委把共同富裕试验区建设作为"头等大事"和"一号工程"扎实推进，共富试验区建设已逐步进入深水区。②

---

① 中共四川省委 四川省人民政府关于支持攀枝花高质量发展建设共同富裕试验区的意见 [EB/OL].（2022-12-30）. https：//www. sc. gov. cn/10462/10464/10797/2022/12/30/82db1 f6f8c3f4c318dcaf776555987f2. shtml.

② 聚焦市委新闻发布会②｜全面深化改革的攀枝花谋划与行动 [EB/OL].（2025-01-06）. https：//mp. weixin. qq. com/s? _ _ biz = MzAwMTA4MTQzMQ = = &mid = 2647577797&idx = 2&sn = e8cbf1a0431267502bb16dd25b6fb8b3&chksm = 82e55dfdb592d4eb5aa153b257bec2eb8612f 10afbd33a 3b7877c7e37baa7cffeac296f0f8ad&scene = 27.

经过两年的探索试验，攀枝花共同富裕试验区建设取得了一些积极进展，但也面临不少挑战。"全市低收入群体规模还比较大，江南和江北、河谷地区和高山地区的发展差距也比较明显。"攀枝花市委共富办主任、市委副秘书长（兼）韩德表示，针对这些短板弱项，将突出改革牵引、系统集成，小切口、大纵深推进低收入群体托底、公共服务均等化、共同富裕多元投入机制等重点领域改革创新，不断缩小"三大差距"。

在低收入群体托底方面，攀枝花将持续深化"消底、提低、扩中"行动，健全多元化救助体系，实现动态"消底"；探索推动低保政策与公益性岗位政策贯通衔接，推动中低收入群体增收减负，实现多元"提低"；建立重点群体就业信息数据库，推动就业政策精准直达，实现精准"扩中"。在公共服务均等化方面，攀枝花将聚焦老有颐养、幼有善育、学有优教、病有良医等民生愿景，扩大基本公共服务覆盖面，推动就业创业、工伤失业保险、公共卫生服务等68项基本公共服务实现常住人口全覆盖，促进农业转移人口市民化、康养人群居民化；围绕"一老一小"，探索建立从胚胎到生命终了的"全生命周期"人口服务机制；优化学区制治理和集团化办学运行机制，推进义务教育城乡一体化发展；深化"两紧密一贯通"医疗改革，逐步构建"城市一刻钟、农村半小时"全域优质医疗圈，多措并举，促使公共服务均等化。在共同富裕多元投入方面，通过强化补短攻坚、创富帮带、社会投入等方式，聚焦短板弱项，健全共同富裕多元投入机制，着力提升城乡区域协调发展水平。

第十章 总结与展望

本章作为全书的总结与展望，系统梳理本书前九个章节关于扩大中等收入群体的主要观点及研究成果。这些章节从多个角度深入探讨了中等收入群体的定义、特征、影响因素等，形成了对中等收入群体的全面认识。尽管当前的研究已经取得了一定的成果，但仍有许多领域有待深入探索，本章进一步展望了扩大中等收入群体研究的未来方向。

第一节 总结

扩大中等收入群体在基本内涵上，是促进国民经济发展、扩大消费的重要途径，是优化社会结构、促进社会稳定的必要环节，是保证机会公平、促进教育公平的应有之义；在理论意义上，扩大中等收入群体有助于推动马克思主义理论在新时代条件下的丰富和发展，有助于为丰富和发展中国特色社会主义政治经济学提供实践支撑和基础，有助于体现新发展理念中协调和共享的理论内涵；在实践意义上，扩大中等收入群体是扎实推进共同富裕的必然要求，是全面建设社会主义现代化国家的应然要求，是实现中华民族伟大复兴的题中应有之义。

一般认为，中等收入群体为收入处于中等水平的人群，且其应具有一定的生活标准。但当具体测度时，无论官方或学界，各方提到的"中等收入群体"尽管名称相同，但具体测度的标准差别较大。尽管对中等收入群体的概念设定并不局限于收入，学者们多出于数据的可获得性和指标应用的便利性考虑，以收入（绝对收入标准或相对收入标准）为单一维度的测度标准仍然最为广泛。本书按照国家统计局 2018 年的标准，将家庭收入处于 10 万~50 万元视为中等收入群体。相应，家庭收入处于 0~10 万元的群体为低收入群体，超过 50 万元则为高收入群体。当然，不同年份的中等收入群体标准有所不同。在数据库的选择上，综合判断，CFPS 数据指标类型最为丰富完整，数据质量更高，样本选择更具有代表性且可追踪，适于研究跨年变化的趋势和分析微观动态，可满足本书对于中等收入群体研究的要求。

在过去的十多年中，从宏观数据看，我国居民收入不断增长，城乡居民收入差距缩小，但地区与省份间的居民收入差距仍然较大。居民收入状况与中等收入群体占比关系密切，一般而言，居民人均可支配收入越高的地方，中等收入群体占比越高。基于微观数据的测算显示，我国居民收入分布结构正在由金字塔向橄榄型变化，中等收入群体规模与占比不断扩大。2010~2022 年，我国中等收入家庭占比从 7.3% 提升至 38.6%，年均增长 2.6 个百分点；人口占比从 7.9% 提升至 43.8%，年均增长 3 个百分点；人口规模从 1.1 亿人增长至 6.2 亿人，年均增长 4250 万人。中等收入群体规模的提高主要源于低收入群体向中等收入群体的流动。其中，城镇、东部沿海发达省份的中等收入群体占比较高，农村、中西部欠发达省份的中等收入群体占比较低。此外，本书基于生活质量法扩展了中等收入群体的测度方法，测算结果显示 2022 年我国有 31.1% 的人口达到中等生活质量。

从社会特征看，我国中等收入群体主要为适龄劳动人口，多分布在城镇地区，老年抚养比为 16.3%。从人力资本特征看，83.8% 的中等收入群体身体健康，42% 具有高中及以上学历。从就业特征看，中等收入群体主要在私企或个体工作，但在党政机关、事业单位、国有企业工作的占比相对更高；51.5% 的中等收入群体从事第三产业，30.9% 从事第二产业，17.7% 从事第一产业。从经济特征看，大部分的中等收入群体的收入水平处于 10 万~17.4 万元之间，收入以工资性收入为主；消费以食品、居住、生活用品支出为主，三者占比之和达到 72.4%；资产以房产为主，房产占比达到 71.4%，其中自住房为 43.2%，其他房产为 28.2%。

从主观幸福感及满意度看，74.8% 的中等收入群体幸福感至少为 7 分（满分 10 分），73.3% 的中等收入群体生活满意度至少为 4 分。从公平感看，对于"努力工作能得到回报"的观点，85% 的中等收入群体表示同意和十分同意；对于"有社会关系比个人有能力更重要"，72.2% 的人表示同意和十分同意；59.4% 的中等收入群体认为我国贫富差距的严重性至少为 7 分（最严重为 10 分）。从未来信心看，76.2% 的中等收入群体的未来信心至少为 4 分（满分为 5 分），53.6% 的中等收入群体认为自己的收入位置为 3 分（3 分为中间位置），50.4% 的中等收入群体认为自己的社会位置为 3 分（3 分为中间位置）。

基于流动性视角，扩大中等收入群体是一个动态增长的过程，中等收入群体和低收入群体之间的流动性较强。2010~2022 年，每间隔两年由低收入群体成为中等收入群体（即"提低"）的比例分别为 9.2%、8.9%、13.5%、13.4%、12.6%、13.5%，每间隔两年从中等收入群体滑落为低收入群体的比例分别为 3.9%、6.4%、5.5%、6.8%、8.1%、7.6%。从"扩中"净效果的角度来看，历年"提低"的人口占比高于从中等收入群体中滑出者，中等收入群体规模呈现上升的趋势。同时，"提低"和"稳中"在"扩中"的不同阶段的重要性有所变化，随着中等收入群体的扩大，"稳中"的重要性增强。在中等收入群体占比较低时，"扩中"的关键在于"提低"，2010~2012 年，"提低"的占比为 9.2%，但"稳中"的占比仅为 3.9%；随着中等收入群体的扩大，"扩中"需要兼顾"提低"和"稳中"，2020~2022 年，"提低"的占比为 13.5%。"稳中"的占比为 24.7%；当中等收入群体占比较高时，"扩中"的主要任务转变为"稳中"，2010~2022 年，每间隔两年实现"稳中"的比例分别为 2.9%、5.3%、7.8%、14.6%、19.8%、24.7%，可以看出"稳中"的占比不断增长。

本书利用微观数据系统识别了扩大中等收入群体的重点群体。其中，进城农民工的识别标准为具有农村户口且常住城市的在业人群，测算结果显示 2022 年进城农民工的中等收入群体占比为 50.1%；技术工人的识别标准为各类普通技术工人的在业人群，测算结果显示 2022 年技术工人的中等收入群体占比为 49.7%；高校毕业生的识别标准为最高学历为大专、本科、硕士及以上的人群，同时由于近年来关于缓解高校毕业生就业政策出台较为频繁，因此将毕业时间限定在 5 年以内（即 2016~2020 年），测算结果显示 2022 年高校毕业生的中等收入群体占比为 50.2%；中小企业主或个体工商户的识别标准为从事个体私营的在业人群，测算结果显示 2022 年中小企业主和个体工商户的中等收入群体占比为 53.8%；机关企事业单位基层人员的识别标准为雇主是政府部门（党政机关、人民团体）、事业单位及国有企业的在业人群，并剔除这些部门或单位的负责人，测算结果显示 2022 年机关企事业单位基层人员的中等收入群体占比为 65.3%。

扩大中等收入群体也是一个涉及收入分配、社会保障、就业、教育等多方面建设的综合性、系统性、长期性的工程。政府层面应构建扩大中等收入群体的配套政策，注重协调不同政策的功能，使各项政策更好发挥各自作用，保障中等收入群体的有序稳定扩大。强化财政支出效力重在加大中央转移支付和财力下沉的力度，完善住房保障体系建设，给予企业实施的技能培训更大幅度补贴，促进教育公平和质量提升，培育中等收入群体。优化个人所得税政策需要平滑低档税率，避免中等收入群体税负陡增，优化专项附加扣除政策，探索构建"负个人所得税"制度，加强对高收入群体的税收监管。充分运用数字普惠金融政策，有序推进数字普惠金融发展，加强数字普惠金融在农村和中西部地区的宣传、调研和推广工作，缩小城乡、区域间的数字普惠金融差距。完善社会保障制度，提升农村居民养老保险待遇，健全农村养老服务体系，解决农民工社会保障问题，完善社会救助体系。

在推进共同富裕的过程中，各地围绕扩大中等收入群体目标，积极探索并实施了一系列针对性措施，为全国提供了重要的实践经验。浙江通过聚焦重点群体，坚持分类施策，针对重点群体提出更有针对性和操作性的政策举措。同时，构建"共性+专项"的公共政策工具箱，针对共性问题创新完善普惠性政策，针对重点群体制定专题性增收激励方案。山东威海全力打造就业友好型城市，鼓励勤劳创新致富，进一步壮大高技能人才队伍，推动重点人群迈向中等收入群体，提高低收入群体收入，完善差别化收入分配政策体系，探索以信用奖励、社会荣誉等为基础的三次分配制度，推动形成人人享有的合理分配格局。河南许昌实施中等收入群体规模稳步增长计划，健全扶持中等收入群体后备军发展的政策体系，提高高校和职业院校毕业生、技能型劳动者、农民工等群体收入。加大人力资本投入力度，激发技能人才、科研人员、小微创业者、高素质农民等重点群体增收潜力。

第二节　展望

本书作为中等收入群体研究领域的一项基础性工程，发挥丰富而详尽的微观数据优势，结合科学的分析方法，系统地刻画了中等收入群体的多维度特征。本研究涵盖了对政策意义的解读、识别标准的界定、人群特征的深描以及变化趋势的分析。随着大数据、人工智能等新技术的不断发展，未来的研究还可以充分利用这些技术手段来提高数据收集的效率和准确性，进一步拓展研究视野和方法论。有待进一步深入研究的主要方向如下。

第一，理论研究与模型构建的深化。为更深入地理解扩大中等收入群体的内在机制和路径，需要进一步深化理论研究，构建符合中国国情的理论体系。同时，优化现有的经济模型，引入更多变量和参数，如技术进步、教育水平等，以更准确地预测和评估中等收入群体的变化趋势。

第二，测度方法与标准的细化与统一。要更科学地衡量中等收入群体的规模和特征，需要不断探索和创新测度方法，如利用大数据、人工智能等技术手段提高测度的准确性和时效性。同时，根据经济发展水平和社会变迁，动态调整中等收入群体的界定标准和测度方法，确保研究结果具有时效性和代表性。

第三，实证研究与分析的强化。收集和处理来自不同领域、不同维度的实际数据，以更准确地理解中等收入群体的特征、分布及其影响因素。强化实证研究与分析能为扩大中等收入群体的实践和政策的制定提供更为全面和深入的科学依据，及时发现存在的问题和挑战，提出切实可行的解决方案，从而推动中等收入群体的持续扩大。

第四，政策制定与实施的优化。未来需要结合研究成果，创新政策制定思路，提出更加符合实际、更具操作性的政策措施，如税收优惠、就业扶持、社会保障等。同时，建立政策评估机制，对扩大中等收入群体的政策措施进行定期评估和调整，确保政策效果符合预期，并不断优化政策的实施效果。

第五，国际比较研究与互鉴的探索。面对全球化带来的挑战和机遇，加强与国际中等收入群体研究的交流与合作，借鉴国际先进经验，提升我国中等收入群体研究的国际化水平。同时，与国际社会共同探索扩大中等收入群体的有效路径和策略，共同应对全球化带来的挑战。

附　录

一　中等收入群体相关政策梳理

2002 年 11 月 8 日中共十六大报告中，我国官方文本首次表述有关中等收入者（中等收入群体）① 的相关内容，在"经济建设和经济体制改革"中提出"以共同富裕为目标，扩大中等收入者比重，提高低收入者收入水平"。此后历次党的全国代表大会和五年规划中均会设定有关"扩大中等收入群体"的相关目标。

2006 年 3 月 14 日"十一五"规划中，我国首次在五年规划中提出有关中等收入群体发展的目标。在"加大收入分配调节力度"中提出"着力提高低收入者收入水平，逐步扩大中等收入者比重，有效调节过高收入"。

2007 年 10 月 15 日中共十七大报告中，将"中等收入者占多数"列为小康社会的目标，明确"实现全面建设小康社会奋斗目标的新要求"，要求"合理有序的收入分配格局基本形成，中等收入者占多数，绝对贫困现象基本消除"。

2011 年 3 月 16 日"十二五"规划中，官方表述由"中等收入者"改为"中等收入群体"，并明确"十二五"时期经济社会发展主要目标包括"努力实现居民收入增长和经济发展同步、劳动报酬增长和劳动生产率提高同步，明显增加低收入者收入，持续扩大中等收入群体，贫困人口显著减少，人民生活质量和水平不断提高"。

2012 年 11 月 8 日中共十八大报告中，提出"全面建成小康社会和全面

① 2010 年"十二五"规划提出"中等收入群体持续扩大"的目标。党的十八大以后，"中等收入者"的提法开始逐渐改为"中等收入群体"。

深化改革开放的目标"包括"收入分配差距缩小,中等收入群体持续扩大,扶贫对象大幅减少"。

2016年3月17日"十三五"规划中,明确"十三五"时期经济社会发展的主要目标和基本理念包括"收入差距缩小,中等收入人口比重上升";"实行有利于缩小收入差距的政策,明显增加低收入劳动者收入,扩大中等收入者比重"。

2016年5月16日中央财经领导小组第十三次会议听取了国家发展改革委、财政部、人力资源社会保障部关于扩大中等收入群体工作的汇报。习近平总书记强调,扩大中等收入群体,关系全面建成小康社会目标的实现,是转方式调结构的必然要求,是维护社会和谐稳定、国家长治久安的必然要求。

2017年10月18日中共十九大报告中,在"过去五年的工作和历史性变革"中总结我国"城乡居民收入增速超过经济增速,中等收入群体持续扩大";明确到2035我国基本实现社会主义现代化的发展目标——"人民生活更为宽裕,中等收入群体比例明显提高,城乡区域发展差距和居民生活水平差距显著缩小,基本公共服务均等化基本实现,全体人民共同富裕迈出坚实步伐";在"提高就业质量和人民收入水平"中提出"鼓励勤劳守法致富,扩大中等收入群体,增加低收入者收入,调节过高收入,取缔非法收入"。

2017年12月20日中央经济工作会议指出,党的十八大以来,我国经济发展取得历史性成就、发生历史性变革,为其他领域改革发展提供了重要物质条件。会议指出,我国形成了世界上人口最多的中等收入群体。

2020年12月18日中央经济工作会议中,提出2021年重点任务包括"坚持扩大内需这个战略基点。形成强大国内市场是构建新发展格局的重要支撑,必须在合理引导消费、储蓄、投资等方面进行有效制度安排。扩大消费最根本的是促进就业,完善社保,优化收入分配结构,扩大中等收入群体,扎实推进共同富裕"。

2021年3月13日"十四五"规划和2035年远景目标纲要中,提出"到二〇三五年基本实现社会主义现代化远景目标"包括"人均国内生产总值达到中等发达国家水平,中等收入群体显著扩大,基本公共服务实现均等化,城乡区域发展差距和居民生活水平差距显著缩小"。并在"全面促进消费"中提出"采取增加居民收入与减负并举等措施,不断扩大中等收入群体,持续释放消费潜力",在"优化收入分配结构"中提出"坚持居民收入增长和经济增长基本同步、劳动报酬提高和劳动生产率提高基本同步,持续提高低收入群体收入,扩大中等收入群体,更加积极有为地促进共同富裕"。同时,"十四五"规划纲要明确了扩大中等收入群体的重点人群,提出"实施扩大中等收入群体行动计划,以高校和职业院校毕业生、技能型劳动者、农民工等为重点,不断提高中等收入群体比重。提高高校、职业院校毕业生就业匹配度和劳动参与率。拓宽技术工人上升通道,畅通非公有制经济组织、社会组织、自由职业专业技术人员职称申报和技能等级认定渠道,提高技能型人才待遇水平和社会地位。实施高素质农民培育计划,运用农业农村资源和现代经营方式增加收入。完善小微创业者扶持政策,支持个体工商户、灵活就业人员等群体勤劳致富"。

2021 年 10 月 15 日,习近平总书记在《求是》杂志上发表的《扎实推动共同富裕》一文中指出,共同富裕要坚持循序渐进,着力扩大中等收入群体规模。"要抓住重点、精准施策,推动更多低收入人群迈入中等收入行列",并提出了针对高校毕业生、技术工人、中小企业主和个体工商户、进城农民工、基层一线公务员及国有企事业单位基层职工等人群的"扩中"路径。

2022 年 10 月 16 日中共二十大报告中,在"新时代新征程中国共产党的使命任务"中继续明确"到二〇三五年,我国发展的总体目标是:……人民生活更加幸福美好,居民人均可支配收入再上新台阶,中等收入群体比重明显提高,基本公共服务实现均等化,农村基本具备现代生活条件,社会保持长期稳定,人的全面发展、全体人民共同富裕取得更为明显的实质性进展……"并指出"分配制度是促进共同富裕的基础性制度","坚持多劳多得,鼓励勤劳致富,促进机会公平,增加低收入者收入,扩大中等收入群体。完善按要素分配政策制度,探索多种渠道增加中低收入群众要素收入,多渠道增加城乡居民财产性收入"。

党中央的一系列重要文件着重阐明了扩大中等收入群体的重要性、必要性和紧迫性。自 2002 年首次被提出以来,扩大中等收入群体一直作为我国经济社会发展目标中"缩小收入分配差距"的重要内容。伴随着我国经济的快速发展，在居民整体收入水平提升的同时，我国的中等收入群体规模也在持续扩大，形成了世界上人口最多的中等收入群体。

扩大中等收入群体对于"做蛋糕（即经济增长）""保证做蛋糕的环境（即社会稳定）""分蛋糕（即收入分配）"都具有重要意义。扩大中等收入群体规模、提高中等收入群体比重不仅是优化收入分配、促进共同富裕的重要体现，也是维持社会和谐稳定的必然要求。面临外部世界深刻复杂的变化，"扩大中等收入群体"被赋予新的发展内涵——规模庞大、边际消费倾向较高的中等收入群体是扩大内需、促进消费的重要基础。在我国提出以扩大内需为战略基点，加快构建以国内大循环为基础、国内国际双循环相互促进的新发展格局背景下，扩大中等收入群体将对我国经济长期保持活力产生重要影响。

附表 1　我国有关中等收入群体的官方政策或表述

时间	来源	表述
2002 年 11 月 8 日	中共十六大报告	四、经济建设和经济体制改革 （六）深化分配制度改革，健全社会保障体系。理顺分配关系，事关广大群众的切身利益和积极性的发挥。调整和规范国家、企业和个人的分配关系。确立劳动、资本、技术和管理等生产要素按贡献参与分配的原则，完善按劳分配为主体、多种分配方式并存的分配制度。坚持效率优先、兼顾公平，既要提倡奉献精神，又要落实分配政策，既要反对平均主义，又要防止收入悬殊。初次分配注重效率，发挥市场的作用，鼓励一部分人通过诚实劳动、合法经营先富起来。再分配注重公平，加强政府对收入分配的调节职能，调节差距过大的收入。规范分配秩序，合理调节少数垄断性行业的过高收入，取缔非法收入。以共同富裕为目标，扩大中等收入者比重，提高低收入者收入水平。
2006 年 3 月 14 日	中华人民共和国国民经济和社会发展第十一个五年规划纲要	第三十九章　提高人民生活水平 第二节　加大收入分配调节力度 完善按劳分配为主体、多种分配方式并存的分配制度，坚持各种生产要素按贡献参与分配。加快推进收入分配制度改革，规范个人收入分配秩序，强化对分配结果的监管，努力缓解行业、地区和社会成员间收入分配差距扩大的趋势。更加注重社会公平，特别要关注就学、就业机会和分配过程的公平。着力提高低收入者收入水平，逐步扩大中等收入者比重，有效调节过高收入。严格执行最低工资制度，逐步提高最低工资标准。建立规范的公务员工资制度，规范职务消费，完善国有企事业单位收入分配规则和监管机制。控制和调节垄断性行业的收入，建立健全个人收入申报制，强化个人所得税征管。坚决取缔各种非法收入。

续表

时间	来源	表述
2007 年 10 月 15 日	中共十七大报告	四、实现全面建设小康社会奋斗目标的新要求 ——加快发展社会事业,全面改善人民生活。现代国民教育体系更加完善,终身教育体系基本形成,全民受教育程度和创新人才培养水平明显提高。社会就业更加充分。覆盖城乡居民的社会保障体系基本建立,人人享有基本生活保障。合理有序的收入分配格局基本形成,中等收入者占多数,绝对贫困现象基本消除。人人享有基本医疗卫生服务。社会管理体系更加健全。
2011 年 3 月 16 日	中华人民共和国国民经济和社会发展第十二个五年规划纲要	第四章 政策导向 ——加快城乡居民收入增长。健全初次分配和再分配调节体系,合理调整国家、企业、个人分配关系,努力实现居民收入增长和经济发展同步、劳动报酬增长和劳动生产率提高同步,明显增加低收入者收入,持续扩大中等收入群体,努力扭转城乡、区域、行业和社会成员之间收入差距扩大趋势。
2012 年 11 月 8 日	中共十八大报告	三、全面建成小康社会和全面深化改革开放的目标 ——人民生活水平全面提高。基本公共服务均等化总体实现。全民受教育程度和创新人才培养水平明显提高,进入人才强国和人力资源强国行列,教育现代化基本实现。就业更加充分。收入分配差距缩小,中等收入群体持续扩大,扶贫对象大幅减少。社会保障全民覆盖,人人享有基本医疗卫生服务,住房保障体系基本形成,社会和谐稳定。
2016 年 3 月 17 日	中华人民共和国国民经济和社会发展第十三个五年规划纲要	第三章 主要目标 ——人民生活水平和质量普遍提高。就业、教育、文化体育、社保、医疗、住房等公共服务体系更加健全,基本公共服务均等化水平稳步提高。教育现代化取得重要进展,劳动年龄人口受教育年限明显增加。就业比较充分,收入差距缩小,中等收入人口比重上升。我国现行标准下农村贫困人口实现脱贫,贫困县全部摘帽,解决区域性整体贫困。 第六十三章 缩小收入差距 第二节 健全再分配调节机制 实行有利于缩小收入差距的政策,明显增加低收入劳动者收入,扩大中等收入者比重。加快建立综合和分类相结合的个人所得税制度。将一些高档消费品和高消费行为纳入消费税征收范围。完善鼓励回馈社会、扶贫济困的税收政策。健全针对困难群体的动态社会保障兜底机制。增加财政民生支出,公共资源出让收益更多用于民生保障,逐步提高国有资本收益上缴公共财政比例。

续表

时间	来源	表述
2016 年 5 月 16 日	中央财经领导小组第十三次会议	会议听取了国家发展改革委、财政部、人力资源社会保障部关于扩大中等收入群体工作的汇报。 习近平强调，扩大中等收入群体，关系全面建成小康社会目标的实现，是转方式调结构的必然要求，是维护社会和谐稳定、国家长治久安的必然要求。扩大中等收入群体，必须坚持有质量有效益的发展，保持宏观经济稳定，为人民群众生活改善打下更为雄厚的基础；必须弘扬勤劳致富精神，激励人们通过劳动创造美好生活；必须完善收入分配制度，坚持按劳分配为主体、多种分配方式并存的制度，把按劳分配和按生产要素分配结合起来，处理好政府、企业、居民三者分配关系；必须强化人力资本，加大人力资本投入力度，着力把教育质量搞上去，建设现代职业教育体系；必须发挥好企业家作用，帮助企业解决困难、化解困惑，保障各种要素投入获得回报；必须加强产权保护，健全现代产权制度，加强对国有资产所有权、经营权、企业法人财产权保护，加强对非公有制经济产权保护，加强知识产权保护，增强人民群众财产安全感。
2017 年 10 月 18 日	中共十九大报告	一、过去五年的工作和历史性变革 人民生活不断改善。深入贯彻以人为中心的发展思想，一大批惠民举措落地实施，人民获得感显著增强……城乡居民收入增速超过经济增速，中等收入群体持续扩大…… 四、决胜全面建成小康社会，开启全面建设社会主义现代化国家新征程 第一个阶段，从二〇二〇年到二〇三五年，在全面建成小康社会的基础上，再奋斗十五年，基本实现社会主义现代化。到那时，我国……人民生活更为宽裕，中等收入群体比例明显提高，城乡区域发展差距和居民生活水平差距显著缩小，基本公共服务均等化基本实现，全体人民共同富裕迈出坚实步伐…… 八、提高保障和改善民生水平，加强和创新社会治理 （二）提高就业质量和人民收入水平。就业是最大的民生。要坚持就业优先战略和积极就业政策，实现更高质量和更充分就业。大规模开展职业技能培训，注重解决结构性就业矛盾，鼓励创业带动就业。提供全方位公共就业服务，促进高校毕业生等青年群体、农民工多渠道就业创业。破除妨碍劳动力、人才社会性流动的体制机制弊端，使人人都有通过辛勤劳动实现自身发展的机会。完善政府、工会、企业共同参与的协商协调机制，构建和谐劳动关系。坚持按劳分配原则，完善按要素分配的体制机制，促进收入分配更合理、更有序。鼓励勤劳守法致富，扩大中等收入群体，增加低收入者收入，调节过高收入，取缔非法收入。坚持在经济增长的同时实现居民收入同步增长、在劳动生产率提高的同时实现劳动报酬同步提高。拓宽居民劳动收入和财产性收入渠道。履行好政府再分配调节职能，加快推进基本公共服务均等化，缩小收入分配差距。

续表

时间	来源	表述
2017 年 12 月 20 日	中央经济工作会议	20 日闭幕的中央经济工作会议指出，党的十八大以来，我国经济发展取得历史性成就、发生历史性变革，为其他领域改革发展提供了重要物质条件。会议指出，我国形成了世界上人口最多的中等收入群体。
2020 年 10 月 29 日	中共十九届五中全会公报	全会提出了到二〇三五年基本实现社会主义现代化远景目标，这就是：我国……；人均国内生产总值达到中等发达国家水平，中等收入群体显著扩大，基本公共服务实现均等化，城乡区域发展差距和居民生活水平差距显著缩小。
2020 年 10 月 29 日	中共中央关于制定国民经济和社会发展第十四个五年规划和二〇三五年远景目标的建议	一、全面建成小康社会，开启全面建设社会主义现代化国家新征程。 3. 到二〇三五年基本实现社会主义现代化远景目标。……人均国内生产总值达到中等发达国家水平，中等收入群体显著扩大，基本公共服务实现均等化，城乡区域发展差距和居民生活水平差距显著缩小…… 十二、改善人民生活品质，提高社会建设水平 42. 提高人民收入水平。坚持按劳分配为主体、多种分配方式并存，提高劳动报酬在初次分配中的比重，完善工资制度，健全工资合理增长机制，着力提高低收入群体收入，扩大中等收入群体。完善按要素分配政策制度，健全各类生产要素由市场决定报酬的机制，探索通过土地、资本等要素使用权、收益权增加中低收入群体要素收入。多渠道增加城乡居民财产性收入。完善再分配机制，加大税收、社保、转移支付等调节力度和精准性，合理调节过高收入，取缔非法收入。发挥第三次分配作用，发展慈善事业，改善收入和财富分配格局。
2020 年 12 月 18 日	中央经济工作会议	会议确定，明年要抓好以下重点任务。 三是坚持扩大内需这个战略基点。形成强大国内市场是构建新发展格局的重要支撑，必须在合理引导消费、储蓄、投资等方面进行有效制度安排。扩大消费最根本的是促进就业，完善社保，优化收入分配结构，扩大中等收入群体，扎实推进共同富裕。
2021 年 10 月 15 日	《求是》杂志发文《扎实推进共同富裕》	总的思路是，坚持以人民为中心的发展思想，在高质量发展中促进共同富裕，正确处理效率和公平的关系，构建初次分配、再分配、三次分配协调配套的基础性制度安排，加大税收、社保、转移支付等调节力度并提高精准性，扩大中等收入群体比重，增加低收入群体收入，合理调节高收入，取缔非法收入，形成中间大、两头小的橄榄型分配结构，促进社会公平正义，促进人的全面发展，使全体人民朝着共同富裕目标扎实迈进。

续表

时间	来源	表述
2021 年 10 月 15 日	《求是》杂志发文《扎实推进共同富裕》	第二，着力扩大中等收入群体规模。要抓住重点、精准施策，推动更多低收入人群迈入中等收入行列。高校毕业生是有望进入中等收入群体的重要方面，要提高高等教育质量，做到学有专长、学有所用，帮助他们尽快适应社会发展需要。技术工人也是中等收入群体的重要组成部分，要加大技能人才培养力度，提高技术工人工资待遇，吸引更多高素质人才加入技术工人队伍。中小企业主和个体工商户是创业致富的重要群体，要改善营商环境，减轻税费负担，提供更多市场化的金融服务，帮助他们稳定经营、持续增收。进城农民工是中等收入群体的重要来源，要深化户籍制度改革，解决好农业转移人口随迁子女教育等问题，让他们安心进城，稳定就业。要适当提高公务员特别是基层一线公务员及国有企事业单位基层职工工资待遇。要增加城乡居民住房、农村土地、金融资产等各类财产性收入。
2022 年 10 月 16 日	中共二十大报告	完善分配制度。分配制度是促进共同富裕的基础性制度。坚持按劳分配为主体、多种分配方式并存，构建初次分配、再分配、第三次分配协调配套的制度体系。努力提高居民收入在国民收入分配中的比重，提高劳动报酬在初次分配中的比重。坚持多劳多得，鼓励勤劳致富，促进机会公平，增加低收入者收入，扩大中等收入群体。完善按要素分配政策制度，探索多种渠道增加中低收入群众要素收入，多渠道增加城乡居民财产性收入。加大税收、社会保障、转移支付等的调节力度。完善个人所得税制度，规范收入分配秩序，规范财富积累机制，保护合法收入，调节过高收入，取缔非法收入。引导、支持有意愿有能力的企业、社会组织和个人积极参与公益慈善事业。
2024 年 7 月 18 日	《中共中央关于进一步全面深化改革、推进中国式现代化的决定》	规范收入分配秩序，规范财富积累机制，多渠道增加城乡居民财产性收入，形成有效增加低收入群体收入、稳步扩大中等收入群体规模、合理调节过高收入的制度体系。深化国有企业工资决定机制改革，合理确定并严格规范国有企业各级负责人薪酬、津贴补贴等。

二　中等收入群体主观阶层认同调查问卷

首先，请受访者主观评价自己所在的家庭是否属于中等收入群体，家庭是否经济拮据（问题 1~2）。这组题目既有助于我们深入理解主观阶层认同与客观阶层识别间的差异程度，也有助于我们优化中等收入群体的客观划分标准。

其次，考虑到社会阶层流动性的特点，在问卷中对于不同阶层认同的群体从不同方向进行了追问（问题3~6）。对于目前自我认同属于中等收入家庭的受访者，继续追问未来两年内跌出中等收入群体的可能性及其原因；对于自我认定为非中等收入家庭的受访者，则询问未来两年内进入中等收入群体的可能性及其原因。这些问题在测量民众对未来生活信心的同时，也能够为分析中等收入群体规模变化及原因提供数据支持。

最后，问卷还采集了受访者对所在家庭过去两年生活水平变化的主观感受，及受访者对学历教育提升家庭收入的认同程度（问题7~9）。该数据与两期固定样本追踪数据相结合，能够较好地分析中等收入群体主观阶层归属的影响因素。

具体问卷内容如下：

1. 您认为您家是否属于中等收入群体？

（1）是　　　　（2）否

2. 您认为您家庭是否经济拮据？

（1）是　　　　（2）否

针对自认是中等收入群体家庭（第1题回答"是"）提问3、4：

3. 根据过去的经验，您觉得未来两年内您家跌出中等收入群体行列的可能性有多大？

（1）非常可能（2）比较可能（3）不太可能（4）绝无可能（5）不好说如果

第3题选择（1）、（2）继续提问4

4. 您认为有可能使您家未来两年内跌出中等收入群体行列的风险主要在哪里？＿＿＿＿＿＿

针对自认非中等收入群体家庭（第1题回答"否"）提问5、6：

5. 根据过去的经验，您觉得未来两年内您家进入中等收入群体行列的可能性有多大？

（1）非常可能（2）比较可能（3）不太可能（4）绝无可能（5）不好说如果

第5题选择（1）、（2）继续提问6

6. 您认为有可能使您家未来两年内进入中等收入群体行列的机会主要在哪里？_____

7. 您认为学历教育对于您家获得当前的收入作用有多大？

（1）非常大　（2）比较大　（3）一般　（4）比较小　（5）很小

8. 您认为您所在的单位选拔、招聘、调动等相关的规则公平吗？

（1）很公平

（2）较公平

（3）一般

（4）较不公平

（5）很不公平

9. 您觉得您过去两年的家庭生活水平有多大程度改善？

（1）大幅改善

（2）小幅改善

（3）保持不变

（4）小幅下降

（5）大幅下降

注：第六章第三节仅对与章节内容相关的问题进行了分析。

后　记

我们对中等收入群体的研究，起始于 2018 年国家发改委启动的"提高我国中等收入群体比重调查与对策研究"课题。至今，我国正站在即将迈入高收入国家行列的历史节点上，且已形成全球人口规模最为庞大的中等收入群体。在过去的六年中，作为研究者，我们见证了我国在形成"两头小、中间大"的"橄榄型"分配结构方面所取得的进展，而我们针对中等收入群体的研究也从刻画我国中等收入群体比重的基本状况和变化规律出发，不断深入到剖析该群体的规模、构成、特征、流动以及影响因素等诸多问题。本书是对这一研究的阶段性成果总结。

本书旨在通过对扩大中等收入群体的研究和讨论，助力我国经济社会的持续、稳定与和谐发展。本书包含大量实证研究分析，目的是为循证决策提供依据和支撑。我们希望通过呈现学术研究产生的客观证据，使决策者能够更清晰、全面地了解实际情况，并在此基础上制定和优化政策，实现学术研究向社会实践的价值转化。

本书使用的主要数据均来源于中国家庭追踪调查（China Family Panel Studies，CFPS）。CFPS 为本书实现对中等收入群体的精准识别、特征演化分析、流动性分析等奠定了坚实的数据基础。我们谨向北京大学中国社会科学调查中心（ISSS）致以深切谢忱，感谢其构建并开放这一具有国际水准的微观数据库，为中国收入分配研究领域提供了宝贵的公共学术产品。书中所涉数据均通过 CFPS 官网（http：//www.isss.pku.edu.cn/cfps/）依规获取，特此说明。

在本书的研究与撰述过程中，我们得到了诸多宝贵的支持与帮助。在此，我们向给予我们信任与指导的师长、鼓励与关怀我们的同事以及协助与支持我们的研究团队表示衷心的感谢。我们的家人始终是我们最坚实的后盾，他们的理解与付出是本书得以完成的关键动力，我们向他们致以最深的感激之情。同时，我们也要感谢社会科学文献出版社的编辑们，他们的专业、高效与善解人意使得本书能够顺利出版。

　　扩大中等收入群体是我们长期关注的研究主题。未来，我们还将对中等收入群体对提振消费的贡献、客观收入水平与主观收入地位的偏离度、扩大中等收入群体的中国实践及国际比较等重要问题进行深入研究，欢迎各位读者继续关注。书中若有任何疏漏与不足，责任皆归于作者。我们恳请各位读者不吝赐教，提出宝贵的意见和建议。

孔　涛　陈少波
2025 年 3 月于北京

图书在版编目（CIP）数据

扩大中等收入群体研究／孔涛，陈少波著.--北京：
社会科学文献出版社，2025.3.--ISBN 978-7-5228
-5143-3

Ⅰ.F126.2

中国国家版本馆 CIP 数据核字第 2025KX5329 号

扩大中等收入群体研究

著　　者／孔　涛　陈少波

出 版 人／冀祥德
组稿编辑／恽　薇
责任编辑／孔庆梅
文稿编辑／梁荣琳
责任印制／岳　阳

出　　版／社会科学文献出版社·经济与管理分社（010）59367226
　　　　　地址：北京市北三环中路甲 29 号院华龙大厦　邮编：100029
　　　　　网址：www.ssap.com.cn
发　　行／社会科学文献出版社（010）59367028
印　　装／三河市龙林印务有限公司

规　　格／开　本：787mm×1092mm　1/16
　　　　　印　张：13.75　字　数：226 千字
版　　次／2025 年 3 月第 1 版　2025 年 3 月第 1 次印刷
书　　号／ISBN 978-7-5228-5143-3
定　　价／98.00 元